Patriarkat ja profeetat - Apokryfejä

Abrahamin Testamentti

Jobin Testamentti

Profeettojen elämä

Jesajan Taivaaseenastuminen

Suomentanut: Tuomas Levänen

Toimittanut: Timo Suutari

Taitto: Fady Dow | www.dowdesign.fi

© 2019 ry, Pyhän Maan Kristityt (Julk.)

Kustantaja: BoD – Books on Demand, Helsinki, Suomi

Valmistaja: BoD – Books on Demand, Norderstedt, Saksa

ISBN: 9-789528-006206

PATRIARKAT JA PROFEETAT
APOKRYFEJÄ

Patriarkat ja profeetat - Apokryfejä

Johdanto

Patriarkat ja Profeetat - Apokryfisiä elämänkertoja

Vanhan testamentin hahmot kiinnostavat. Voiko heistä tietää enemmän kuin Raamatun kertomuksissa on tallennettuna.

Maailmalla on vanhoja kirjoituksia jotka sivuavat patriarkkojen ja profeettojen elämää. Näistä osa on jopa pyhien kirjoitusten

asemassa. Tässä on suomennettuna kolme mielenkiintoista tekstiä:

Aabrahamin testamentin tyylissä on samankaltaisuutta Tobian kirjaan. Arkkienkeli kulkee Aabrahamin mukana ja ratkoo hänen elämäänsä liittyviä kysymyksiä. Moni Raamatussa ohi mennen mainittu yksityiskohta on paljon laajemmin selitettynä. Aabrahamin testamentti on Etiopian juutalaisille pyhä kirjoitus ja sitä on siteerattu jopa Koraanin sivuilla!. Kristityille teos on kiinnstavaa taustalukemistoa.

Jobin Testamentin vanhin säilynyt käsikirjoitus on koptin kielellä viidenneltä vuosisadalta. Teos on ajoitettu 100 eKr - 100jKr. Erikoista teoksessa on tarkkas selvitys Jobin elämän vaiheista ja lopussa oleva kuvaus kielilläpuhumisesta.

Jesajan taivaaseenastuminen on ensimmäisten vuosisatojen kristillistä kirjallisuutta. Se antaa näkökulmaa taivaiden rakenteeseen ja profeetta Jesajan elämään.

Profeettojen elämä on lyhyt perimätiedon luettelo Vanhan Testamentin profeetoista.

Tuomas Levänen on jälleen tehnyt tärkeän teon suomentaessaan nämä tärkeät kirjoitukset.

Jouluna 2018 Kuhmossa
Timo Suutari
Pyhän Maan Kristityt ry

ABRAHAMIN TESTAMENTTI

Tekstistä on olemassa kuusi toisistaan jonkin verran poikkeavaa kreikank-
ielistä käsikirjoitusta. Montague Rhodes James oli julkaissut nämä kaksi
teoksessa "Texts and Studies, vol. II, No.2" (Cambridge, 1892). Nämä kaksi
tekstiä ovat peräisin Pariisista, pitempi jäljennös on vuodelta 1815, ja ly-
hyempi 1400-luvulta. Vanhimmat tunnetut tekstikopiot ovat 1200-luvulta.
Kreikankielisten lisäksi tekstistä on olemassa käännöksiä Romanian, kirkko-
slaavin, Etiopian ja Arabian kielillä. Kumpaakaan näistä teksteistä ei pidetä
suorana kopiona alkuperäisestä, sillä näissä on niin paljon eroavaisuuk-
sia. Näiden erojen havainnollistamiseksi englanninkieliset käännökset on
sijoitettu tällä tavalla, yhteen, ja osittain päällekkäin. Noista 1200-luvun
käsikirjoituksista vanhemmat maininnat on vaikea jäljittää, todennäköisesti
kirjasta puhutaan nimellä "Aabraham" vanhoissa apokryfikirjaluetteloissa.
Suomennettu kesällä 2002.

Luku 1.

Aabraham eli kaikki elämänsä vuodet hiljaisuudessa, hyvyydessä ja oikeam-
ielisyydessä, vanhurskaudessa ja suunnattomassa vieraanvaraisuudessa;
sillä, pystyttäen telttansa teiden risteykseen Mamren tammella, hän otti
vastaan jokaisen, sekä rikkaat että köyhät, kuninkaat ja hallitsijat, raa-
jarikot ja avuttomat, ystävät ja muukalaiset, naapurit ja matkamiehet,
yhtäläisesti hurskas, pyhä, vanhurskas ja vieraanvarainen Aabraham otti
kaikki vastaan. Kuitenkin jopa hänelle tuli tuo yleinen, väistämätön, kat-
kera kuoleman osa ja epävarma elämän loppu. Sen tähden Herra Jumala
kutsui arkkienkeli Mikaelia, sanoen hänelle: "Mikael, mene alas Aabra-
hamin luokse, ja puhu hänelle hänen kuolemastaan, että hän järjestäisi
asiansa, sillä minä olen siunannut häntä niin kuin taivaan tähtiä ja hiekkaa
meren rannalla, ja hänellä on runsautta pitkässä elämässä ja omaisuuk-
sissa, ja hänestä on tulossa äärimmäisen rikas. Lisäksi hän on vanhurskas
yli kaikkien ihmisten jokaisessa hyvyydessä, vieraanvarainen ja rakastava
elämänsä loppuun saakka; mutta sinä, Mikael, mene Aabrahamin, rakkaan

ystäväni luokse, ja julista hänelle hänen kuolemansa ja vakuuta hänelle näin: Tällä ajalla sinä lähdet tästä turhasta maailmasta, ja lakkaat olemasta ruumiissasi, ja menet oman Herrasi luokse, hyvien keskuuteen."

Luku 2.

Ja tuo enkelijohtaja lähti Jumalan kasvojen edestä ja meni alas, Aabrahamin luokse, Mamren tammelle, ja löysi Aabrahamin läheiseltä kedolta istumasta kyntävien härkäparien viereltä, yhdessä Masekin poikien ja muiden palvelijoiden kanssa, yhteensä kahdentoista. Ja katso, tuo enkelijohtaja tuli hänen luokseen, ja nähdessään Mikaelin tulevan kaukaa, todella komean sotamiehen kaltaisena, Aabraham nousi ja meni häntä vastaan, niin kuin oli hänen tapansa tavata ja pitää huolta kaikista muukalaisista. Ja tuo enkelipäällikkö tervehti häntä ja sanoi: "Tervehdys, kunnioitettava isä, vanhurskas ja valittu sielu".

Luku 1.

Tapahtui, että Aabrahamin kuolinpäivän lähestyessä Herra sanoi Mikaelille: "Nouse ja mene Aabrahamin, minun palvelijani luokse, ja sano hänelle: Sinä lähdet tästä elämästä, sillä katso, väliaikaisen elämäsi päivät ovat täyttyneet; niin että hän laittaisi asiansa järjestykseen ennen kuin hän kuolee."

Luku 3.

Ja Mikael meni, ja tuli Aabrahamin luokse, ja löysi hänet istumasta kyntävien härkiensä luota, ja hän oli todella iäkäs olemukseltaan, ja hänellä oli poika käsivarsillaan. Sen tähden, nähdessään Mikaelin, Aabraham nousi maasta ja tervehti häntä, tietämättä, kuka hän oli, ja sanoi hänelle: "Herra varjelkoon sinua. Olkoon matkasi sinulle menestyksekäs." Ja Mikael vastasi hänelle: "Olet ystävällinen, hyvä isä." Aabraham vastasi ja sanoi hänelle:

"Tule, veljeni, lähemmäs, ja istuudu hetkeksi, että määräisin villieläimen tuotavaksi, että voimme mennä taloon, ja voisit levätä kanssani, sillä ilta lähestyy ja aamulla nouse ja mene Jumalassa, taivaan poika."

Aabraham sanoi tuolle enkelijohtajalle: "Tervehdys, kunnioitettu sotamies, kirkas kuin aurinko ja kauniimpi kaikkia ihmisten poikia; olet tervetullut; sen tähden vaadin sinua viipymään. Kerro, mistä olet tullut, nuori mies, opeta minua, nöyrää pyytäjää: mistä ja millaisen sotajoukon kanssa, ja miltä matkalta olet tänne tullut?" Tuo enkelijohtaja sanoi: "Minä, oi vanhurskas Aabraham, tulen suuresta kaupungista. Suuri kuningas on lähettänyt minut noutamaan hänen hyvää ystäväänsä, sillä tuo kuningas on kutsunut häntä." Ja Aabraham sanoi: "Tule, herrani, tule kanssani pellolleni." Tuo enkelijohtaja sanoi: "Minä tulen"; ja yhdessä kulkien tuolle pellolle, jota kynnettiin, he istuivat seuralaisten rinnalle. Ja Aabraham sanoi palvelijoilleen, Masekin pojille: "Menkää hevoslaumaan ja tuokaa kaksi hevosta, hiljaisia ja rauhallisia ja kesyjä, niin että minä ja tämä muukalainen voisimme istua niillä. Mutta tuo enkelijohtaja sanoi: "Ei, herrani Aabraham, älköön he tuoko hevosia, sillä minä pidättäydyn iankaikkisesti istumasta nelijalkaisten eläinten päällä. Eikö kuninkaani ollut rikas kaupankäynnistä, jolla on valtaa sekä yli ihmisten että kaikenlaisen karjan? Mutta minä pidättäydyn aina istumasta minkään nelijalkaisen eläimen päällä. Menkäämme siis, oi vanhurskas sielu, kävellen kevyesti, kunnes saavumme talollesi." Ja Aabraham sanoi: "Amen, niin olkoon."

Luku 2.

Ja kun he lähtivät tuolta pellolta kohti hänen taloaan, tuon tien vierellä seisoi sypressipuu, ja Herran käskystä tuo puu huusi ihmisen äänellä sanoen: "Pyhä, pyhä, pyhä on Herra Jumala, joka kutsuu luoksensa niitä, jotka Häntä rakastavat". Mutta Aabraham kätki tuon salaisuuden, ajatellen, että enkelipäällikkö ei ollut kuullut puun ääntä. Ja tultuaan talon lähelle, he

11

istuivat pihalle; ja Iisak, nähdessään enkelin kasvot, sanoi äidilleen Saaralle: "Äitini, katso, tuo mies, joka istuu isäni Aabrahamin kanssa, ei ole sen lajin poika, joka vaeltaa maan päällä." Ja Iisak juoksi ja tervehti häntä ja lankesi tuon ruumiittoman jalkoihin, ja tuo ruumiiton siunasi häntä ja sanoi: "Herra Jumala suo sinulle lupauksen, jonka Hän teki isällesi Aabrahamille ja hänen siemenelleen, ja suo sinulle myös sen kallisarvoisen isäsi ja äitisi rukouksen." Aabraham sanoi pojalleen Iisakille: "Poikani Iisak, nouda vettä kaivosta ja tuo se minulle astiassa, että voimme pestä tämän muukalaisen jalat, sillä hän on väsynyt tultuaan luoksemme pitkältä matkalta." Ja Iisak juoksi kaivolle ja haki vettä astiassa ja toi sen heille, ja Aabraham meni ja pesi...

...mitä ikinä tahdot, ettei joku paha peto kohtaisi sinua ja tekisi sinulle pahaa." Ja Mikael kysyi Aabrahamilta, sanoen: "Kerro minulle nimesi, ennen kuin astun sisälle taloosi, etten olisi sinulle taakaksi." Aabraham vastasi ja sanoi: "Vanhempani kutsuivat minua Abramiksi, ja Herra nimesi minut Aabrahamiksi, sanoen 'Nouse ja lähde huoneestasi ja suvustasi, ja mene siihen maahan, jonka minä sinulle osoitan.' Ja kun menin siihen maahan, jonka Herra osoitti minulle, hän sanoi minulle: 'Sinua ei enää kutsuta nimellä Abram, vaan nimesi on oleva Aabraham.'" Mikael vastasi ja sanoi hänelle: "Anna minulle anteeksi, isä, kokenut Jumalan mies, sillä minä olen muukalainen, ja olen kuullut, että sinä menit kahdeksan kilometriä, ja noudit vuohen ja tapoit sen, viihdyttäen enkeleitä kodissasi, että he saisivat levätä siellä." Puhuen näin yhdessä, he nousivat ja menivät kohti taloa.

Ja Aabraham kutsui yhtä palvelijoistaan ja sanoi hänelle: "Mene, hae minulle joku eläin, että muukalainen voisi istua sen päällä, sillä hän on matkasta väsynyt. Ja Mikael: "Älä murehduta nuorukaista, vaan kävelkäämme kevyesti, kunnes saavumme talolle, sillä minä rakastan seuraasi."

Luku 3.

Ja nousten he matkasivat eteenpäin, ja kun he saapuivat kaupungin lähelle, noin puolen kilometrin päähän siitä, he näkivät suuren puun, jossa oli kolmesataa oksaa, kuin tamariskipuu. Ja he kuulivat äänen laulavan sen oksista: "Sinä olet pyhä, koska olet pysynyt siinä päämäärässä, jota varten sinut oli lähetetty." Ja Aabraham kuuli tuon äänen ja kätki salaisuuden sydämeensä, sanoen itselleen: "Mikä on tuo salaisuus, jonka olen kuullut?" Kun hän tuli talolle, Aabraham sanoi palvelijoilleen: "Nouse, mene ulos laumojen luokse ja tuo kolme lammasta ja tapa ne pikaisesti, ja valmista ne, että voimme syödä ja juoda, sillä tämä on meille juhlapäivä." Ja palvelijat toivat lampaat ja Aabraham kutsui luokseen poikansa Iisakin ja sanoi hänelle: "Poikani Iisak, nouse ja laita astiaan vettä, että voimme pestä tämän muukalaisen jalat". Ja hän toi sen, niin kuin häntä oli käsketty, ja Aabraham sanoi: "Minä havaitsen, ja niin tulee olemaan, että tässä majassa en enää milloinkaan pese yhdenkään luoksemme vieraana tulevan jalkoja." Ja Iisak itki kuullessaan isänsä sanovan tämän, ja sanoi hänelle: "Isäni, mitä tämä on, että sanot tämän olevan viimeinen kerta, kun peset muukalaisen jalkoja?" Ja myös Aabraham itki nähdessään poikansa itkevän, pestessään enkelijohtaja Mikaelin jalkoja, ja Aabrahamin sydän liikuttui ja hän itki muukalaista. Ja Iisak, nähdessään isänsä itkevän, itki myös, ja tuo enkelijohtaja, nähdessään heidän itkevän, itki myös heidän kanssaan, ja enkelijohtajan kyyneleet putosivat tuohon vesiastiaan, ja niistä tuli kalliarvoisia kiviä. Ja Aabraham hämmästyi nähdessään tuon ihmeen, otti kivet salaa ja kätki tuon salaisuuden, säilyttäen sen itsellään sydämessään.

Luku 4.

Ja Aabraham sanoi pojalleen Iisakille: "Mene, rakas poikani, talon sisempään kammioon ja kaunista se. Levitä meille sinne kaksi vuodetta, yksi minulle ja yksi tälle miehelle, joka on vieraanamme tänään. Valmista meille sinne sija ja kynttilät ja pöytä, jossa on kaikkea runsaasti."

"Kaunista kammio, poikani, ja levitä allemme kankaita; purppuraa ja hieno-
ja kankaita. Polta siellä kaikkia kallisarvoisia ja parhaita suitsukkeita, ja
tuo puutarhasta suloiselle tuoksuvia kasveja ja täytä talomme niillä. Sytytä
seitsemän täyttä öljylamppua, niin että voimme riemuita, sillä tämä mies,
joka on vieraanamme tänään, on loisteliaampi kuin kuninkaat tai valtiaat,
ja hänen olemuksensa ylittää kaikki ihmisten pojat." Ja Iisak valmisti kai-
ken hyvin, ja Aabraham, ottaen mukaansa Mikaelin, meni kammioon, ja
he molemmat söivät vuoteilla, ja heidän välilleen hän asetti pöydän, jossa
oli runsaasti kaikkea hyvää. Sitten tuo enkelijohtaja nousi ja meni ulos,
ikään kuin vatsansa pakottamana tarpeilleen, ja nousi taivaaseen silmän-
räpäyksessä, ja seisoi Herran edessä ja sanoi Hänelle: "Herra ja Valtias,
tietäköön voimasi, että minä en kykene muistuttamaan tuota vanhurskasta
miestä hänen kuolemastaan, sillä minä en ole nähnyt maan päällä hänen
kaltaistaan ihmistä; armollista, vieraanvaraista, vanhurskasta, totuuden-
mukaista, oikeamielistä, joka pidättäytyy jokaisesta pahasta teosta. Ja tiedä
nyt, Herra, että minä en osaa muistuttaa häntä hänen kuolemastaan." Ja
Herra sanoi: "Mene alas, Mikael, ystäväni Aabrahamin luokse, ja mitä hän
sinulle sanookin, tee se myös, ja mitä hän syö, syö myös sinä hänen kans-
saan. Ja minä lähetän Pyhän Henkeni hänen poikansa Iisakin ylle ja laitan
hänen kuolemansa muiston Iisakin sydämeen, niin että hän näkee unessa
isänsä kuoleman; ja Iisak kertoo tuon unen ja sinun tulee tulkita se, ja
hän tulee tuntemaan loppunsa." Ja tuo enkelijohtaja sanoi: "Herra, kaikki
taivaalliset henget ovat vailla ruumista, eivätkä syö tai juo, ja tämä mies on
asettanut eteeni pöydän, joka on täynnä maallista ja turmeltuvaa hyvää.
Herra, mitä minä nyt teen? Kuinka minä pääsen häntä pakoon...

...äärimmäisesti, ja myös Mikael itki nähdessään heidän itkevän, ja Mikae-
lin kyyneleet putosivat astiaan ja niistä tuli kallisarvoinen kivi.

Luku 4.

Kun Saara kuuli sisälle taloonsa heidän itkemisensä, hän tuli ulos ja sanoi Aabrahamille: "Herra, miksi te näin itkette?" Aabraham vastasi ja sanoi hänelle: "Ei mitään pahaa. Mene taloosi ja tee omat työsi, ettemme saattaisi tuota miestä murhemieliseksi. Ja Saara meni pois, valmistelemaan ateriaa.

Ja auringonlasku lähestyi, ja Mikael meni talosta ulos ja otettiin taivaisiin palvomaan Jumalan eteen, sillä auringonlaskun aikaan kaikki enkelit palvovat Jumalaa, ja Mikael itse on enkeleistä ensimmäinen. Ja he kaikki palvoivat Häntä, ja menivät jokainen paikoilleen, mutta Mikael puhui Herran edessä ja sanoi: "Herra, käske minua kuulusteltavaksi kirkkautesi eteen!" Ja Herra sanoi Mikaelille: "Lausu, mitä tahdot!" Ja arkkienkeli vastasi ja sanoi: "Herra, sinä lähetit minut Aabrahamin luokse sanomaan hänelle: 'Lähde ruumiistasi ja jätä tämä maailma; Herra kutsuu sinua'; ja Herra, minä en uskalla paljastaa itseäni hänelle, sillä hän on sinun ystäväsi ja vanhurskas mies, ja sellainen, joka ottaa muukalaisia vastaan. Mutta minä pyydän sinua, Herra, käske Aabrahamin kuoleman muistoa astumaan hänen omaan sydämeensä, äläkä vaadi minua kertomaan hänelle, sillä on suuresti töykeää sanoa: 'Jätä maailma' ja erityisesti käskeä toista jättämään oma ruumiinsa, sillä sinä loit hänet alusta saakka kaikkien ihmissielujen armahdukseksi." Sitten Herra sanoi Mikaelille: "Nouse ja mene Aabrahamin luokse ja viivy hänen kanssaan, ja mitä näet hänen syövän, syö myös sinä, ja missä hän nukkuu, nuku sinä myös. Sillä minä laitan ajatuksen Aabrahamin kuolemasta hänen poikansa Iisakin sydämeen unessa."

...istumassa pöydässä hänen kanssaan?" Herra sanoi: "Mene alas hänen luokseen, äläkä tätä mieti, sillä kun istut pöytään hänen kanssaan, minä lähetän kalvavan hengen yllesi, ja se kuluttaa käsistäsi ja suusi kautta kaiken sen, mitä pöydällä on. Riemuitse yhdessä hänen kanssaan kaikessa, tulkitse hyvin näyn asiat, että Aabraham tuntisi kuoleman viikatteen ja elämän epävarman lopun, ja luovuttaisi pois kaikki omaisuutensa, sillä minä olen siunannut häntä enemmän kuin meren hiekkaa tai taivaan tähtiä."

Luku 5.

Sitten tuo enkelijohtaja meni alas Aabrahamin talolle, ja istuutui pöytään hänen kanssaan, ja Iisak palveli heitä. Ja kun ateria oli päättynyt, Aabraham rukoili, niin kuin hänellä oli tapana, ja tuo enkelijohtaja rukoili yhdessä hänen kanssaan, ja molemmat laskeutuivat nukkumaan vuoteilleen. Ja Iisak sanoi isälleen: "Isä, myös minä haluaisin nukkua kanssanne tässä kammiossa, että myös minä kuulisin keskustelunne, sillä minä rakastan kuulla tämän oikeamielisen miehen keskustelujen loisteliaisuutta." Aabraham sanoi: "Ei, poikani, vaan mene sinä omaan kammioosi ja nuku omalla vuoteellasi, ettemme saattaisi murhetta tälle miehelle." Sitten Iisak, vastaanotettuaan rukouksen heiltä, ja siunattuaan heitä, meni omaan kammioonsa ja laskeutui vuoteelleen. Mutta Herra päästi ajatuksen kuolemasta Iisakin sydämeen, ikään kuin unessa, ja suunnilleen yön kolmannella tunnilla Iisak heräsi, ja nousi vuoteeltaan ja tuli juosten siihen kammioon, missä hänen isänsä nukkui yhdessä arkkienkelin kanssa. Saapuessaan ovelle Iisak huusi, sanoen: "Isäni Aabraham, nouse ja avaa minulle nopeasti, että voisin astua sisään ja ottaa kiinni kaulastasi, ja halata sinua, ennen kuin sinut otetaan minulta pois!" Sen tähden Aabraham nousi ja avasi hänelle, ja Iisak astui sisään ja riippui hänen kaulassaan, ja alkoi itkeä kovalla äänellä. Se liikutti Aabrahamin sydäntä, ja myös hän itki kovalla äänellä, ja kun enkelijohtaja näki heidän itkevän, hänkin itki. Saara oli huoneessaan, ja kuuli heidän itkunsa ja tuli juosten heidän luokseen ja löysi heidät syleilemästä toisiaan ja itkemästä. Ja Saara sanoi itkien: "Herrani Aabraham, miksi itkette? Kerro, herrani, onko tämä veli, joka on ollut vieraanamme tänään, tuonut sinulle sanomaa Lootista, veljesi pojasta, että hän on kuollut? Siksikö surette näin?" Tuo enkelijohtaja vastasi ja sanoi hänelle: "Ei, sisareni Saara, ei ole niin kuin sanot, vaan poikasi Iisak näki unen, ja tuli luoksemme itkien, ja me hänet nähdessämme liikutuimme sydämessämme ja *itkimme."*

Luku 5.

Sitten Mikael meni tuona iltana Aabrahamin taloon, ja löysi heidät ateriaa valmistamasta, ja he söivät ja joivat ja olivat iloisia. Ja Aabraham sanoi pojalleen Iisakille: "Nouse, poikani, ja levitä miehelle vuode, että hän voi nukkua, ja aseta lamppu lampunjalkaan." Ja Iisak teki niin kuin hänen isänsä häntä käski, ja Iisak sanoi isälleen: "Myös minä tulen vierellesi nukkumaan." Aabraham vastasi hänelle: "Ei, poikani, ettemme olisi vaivaksi tälle miehelle, vaan mene sinä omaan kammioosi ja nuku." Eikä Iisak halunnut olla tottelematta isänsä käskyä, ja hän meni pois ja nukkui omassa kammiossaan.

Luku 6.

Ja tapahtui suunnilleen yön seitsemännellä hetkellä, että Iisak heräsi ja tuli isänsä kammion ovelle, huutaen ja sanoen: "Avaa, isä, että voisin koskettaa sinua, ennen kuin sinut otetaan pois luotani!" Aabraham nousi ja avasi hänelle, ja Iisak astui sisään ja riippui isänsä kaulassa itkien, ja suuteli häntä valittaen. Ja Aabraham itki yhdessä poikansa kanssa, ja Mikael näki heidän itkevän, ja myös hän itki. Ja Saara kuuli heidän itkemisensä makuukammioonsa, ja hän kutsui sanoen: "Herrani Aabraham, miksi tämä itku? Onko muukalainen kertonut sinulle veljestäsi Lootista, että hän on kuollut? Vai onko meille tapahtunut jotain muuta?" Mikael vastasi ja sanoi Saaralle: "Ei, Saara, en ole tuonut sanomaa Lootista, vaan minä tiesin kaikesta sydämenne hyvyydestä, että siellä olette kaikkia maan päällä olevia paremmat, ja Herra on muistanut teidät."

Luku 6.

Sitten Saara, kuultuaan tuon enkelijohtajan sanojen loisteliaisuuden, tiesi heti, että Herran enkeli puhui. Sen tähden Saara viittasi Aabrahamia tulemaan kohti ovea, ja sanoi hänelle: "Herrani Aabraham, tiedätkö, kuka tämä mies on?" Aabraham sanoi: "En tiedä." Saara sanoi: "Sinä tiedät, herrani, ne kolme miestä taivaasta, jotka olivat vieraanamme teltassamme Mamren tammen vierellä, kun tapoit virheettömän karitsan ja asetit heidän eteensä pöydän. Sen jälkeen, kun liha oli syöty, karitsa nousi jälleen ja imi äitiään suurella ilolla. Etkö ole kiitollisuudenvelassa siitä, herrani Aabraham, että lupauksen kautta he antoivat meille Iisakin, kohdun hedelmänä? Tämä on yksi niistä kolmesta pyhästä miehestä!" Aabraham sanoi: "Oi Saara, tässä puhut totta. Kunnia ja ylistys Jumalalle ja Isälle! Sillä myöhään illalla, kun pesin hänen jalkojaan maljassa, minä sanoin sydämessäni: 'Nämä jalat ovat yhden niistä kolmesta miehestä, jotka pesin silloin', ja hänen kyyneleensä, jotka putosivat maljaan, muuttuivat kallisarvoisiksi kiviksi." Ja raviteltuaan ne sylistään, hän antoi ne Saaralle, sanoen: "Jos et usko minua, katso nyt näitä." Ja Saara otti ne, kumarsi ja tervehti ja sanoi: "Kunnia Jumalalle, joka näyttää meille ihmeellisiä asioita! Ja tiedä nyt, herrani Aabraham, että keskuudessamme on jonkin asian paljastus, olkoonpa se pahaa tai hyvää!"

Luku 7.

Ja Aabraham jätti Saaran, ja meni kammioon, ja sanoi Iisakille: "Tule tänne, rakas poikani; kerro minulle totuus - mitä se on, mitä näit, ja mitä sinulle tapahtui, kun tulit niin kiireellä luoksemme?" Ja Iisak alkoi sanomaan vastaukseksi: "Minä näin, herrani, tänä yönä, auringon ja kuun pääni päällä, ympäröivän minua säteillään ja valaisten minua. Kun minuä tuijotin tätä ja riemuitsin, minä näin taivaan auenneena, ja valoa kantavan ihmisen laskeutuvan sieltä, loistaen enemmän kuin seitsemän aurinkoa. Ja tämä mies, kuin aurinko, tuli, ja otti auringon päältäni ja meni ylös taivaisiin, sinne, mistä hän tulikin, mutta minä olin suuresti surullinen siitä, että hän otti minulta sen auringon. Vähän ajan kuluttua, kun olin vieläkin surullinen ja murheellinen, minä näin tämän miehen tulevan taivaasta toisen kerran, ja hän otti minulta pääni päältä myös kuun pois, ja minä itkin suuresti ja kutsuin tuota valon miestä ja sanoin: 'Älä, herrani, ota kirkkautta minulta pois; armahda minua ja kuule minua, ja jos otatkin auringon minulta, jätä silloin kuu minulle.' Hän sanoi: 'Anna niiden tulla otetuksi ylhäällä olevan kuninkaan luokse, sillä hän toivoo saavansa heidät sinne.' Ja hän otti ne minulta pois, mutta jätti...

Sitten Saara sanoi Aabrahamille: "Kuinka uskalsit itkeä, kun Jumalan mies on tullut luoksesi, ja miksi silmäsi ovat vuodattaneet kyyneleitä, kun tänään on suuri riemu?" Aabraham sanoi hänelle: "Kuinka sinä tiedät, että tämä on Jumalan mies?" Saara vastasi ja sanoi: "Minä sanon ja julistan, että tämä on yksi niistä kolmesta miehestä, jotka olivat vieraanamme Mamren tammella, kun yksi palvelijoista meni ja toi karitsan, ja sinä tapoit sen ja sanoit minulle: 'Nouse, valmista, että voisimme syödä näiden miesten kanssa talossamme.'" Aabraham vastasi ja sanoi: "Olet tehnyt hyvän havainnon, oi nainen, sillä myös minä, kun pesin hänen jalkojaan, tiesin sydämessäni, että nämä olivat ne jalat, jotka olin pessyt Mamren tammella, ja kun aloin kysellä hänen matkastaan, hän sanoi minulle: 'Menen varjelemaan veljeäsi Lootia Sodoman miehiltä', ja silloin minä tiesin salaisuuden."

Luku 7.

Ja Aabraham sanoi Mikaelille: "Kerro minulle, Jumalan mies, ja näytä minulle, miksi olet tullut tänne." Ja Mikael sanoi: "Poikasi Iisak näyttää sinulle." Ja Aabraham sanoi pojalleen: "Rakas poikani, kerro minulle, mitä olet nähnyt unessasi tänään, ja mitä pelästyit. Kerro se minulle." Iisak vastasi isälleen: "Näin unessani auringon ja kuun, ja pääni päällä oli kruunu, ja taivaasta tuli suurikokoinen mies, joka loisti kuin se valo, jota kutsutaan valon isäksi. Hän otti auringon pois pääni päältä, mutta jätti sen säteet taakseni. Ja minä itkin ja sanoin: 'Rukoilen sinua, herrani, älä ota pois pääni kirkkautta, ja huoneeni valoa ja kaikkea loistoani'. Ja aurinko ja kuu ja tähdet valittivat, sanoen: 'Älä ota pois voimamme kirkkautta'. Ja tuo loistava mies vastasi ja sanoi minulle: "Älä itke sitä, että otan huoneesi valon, sillä se on otettu murheista ylös lepoon, alhaisesta majasta korkeuteen; hänet nostetaan ahtaasta avaraan paikkaan; hänet kohotetaan pimeydestä valoon." Ja minä sanoin hänelle: "Rukoilen sinua, Herra, ota myös nuo säteet päältäni." Enkelijohtaja sanoi: "Kuule, oi vanhurskas Aabraham; se aurinko, jonka poikasi näki, olet sinä, hänen isänsä, ja samoin kuu on Saara, hänen äitinsä. Se valoa kantava mies, joka laskeutui taivaasta, tämä on lähetetty Jumalan luota ottamaan pois vanhurskas sielusi. Ja tiedä nyt, oi kunnioitetuin Aabraham, että tähän aikaan sinä jätät tämän maailmallisen elämän ja siirryt Jumalan luokse." Aabraham sanoi tuolle enkelijohtajalle: "Oi ihmeistä ihmeellisin! Oletko sinä se, joka ottaa sieluni minulta?" Enkelijohtaja sanoi hänelle: "Minä olen enkelijohtaja Mikael, joka seisoo Herran edessä, ja minut lähetettiin luoksesi muistuttamaan sinua kuolemastasi, ja sitten lähden Hänen luokseen, niin kuin on käsketty." Aabraham sanoi: "Nyt minä tiedän, että sinä olet Herran enkeli, ja sinut oli lähetetty ottamaan sieluni, vaan minä en mene kanssasi; mutta tee, mitä sinulle on käsketty."

Luku 8.

Kuullessaan nämä sanat tuo enkelijohtaja katosi välittömästi, ja taivaaseen nousten seisahtui Jumalan eteen, ja kertoi kaiken, mitä hän oli nähnyt Aabrahamin talossa; ja tuo enkelijohtaja sanoi Herralle myös tämän: "Näin sanoo ystäväsi Aabraham: Minä en mene kanssasi, mutta tee, mitä sinulle on käsketty; ja nyt, oi Herra Kaikkivaltias, mitä määrää kunniasi ja kuolematon valtakuntasi?" Jumala sanoi enkelijohtaja Mikaelille: "Mene vielä uudelleen minun ystäväni Aabrahamin luokse, ja puhu hänelle näin: Näin sanoo Herra, sinun Jumalasi, joka toi sinut lupauksen maahan, joka siunasi sinua enemmän kuin meren hiekkaa ja enemmän kuin taivaan tähtiä, joka avasi Saaran suljetun kohdun, ja antoi Iisakin kohdun hedelmäksi vanhalla iällä, todella minä sanon sinulle, että siunauksella minä sinua siunaan, ja moninkertaistamalla minä moninkertaistan sinun siemenesi, ja minä annan sinulle kaiken, mitä minulta pyydät, sillä minä olen Herra, sinun Jumalasi, eikä toista ole. Kerro minulle, miksi olet kapinoinut minua vastaan, ja miksi sinussa on surua, ja miksi olet kapinoinut arkkienkeliäni Mikaelia vastaan? Etkö tiedä, että kaikki, jotka ovat tulleet Aadamista ja Eevasta, ovat kuolleet, ja että yksikään profeetoista ei paennut kuolemaa? Ei yksikään niistä, jotka hallitsevat kuninkaina, ole kuolematon; yksikään esi-isistäsi ei ole paennut kuoleman salaisuutta.

He ovat kaikki kuolleet, he ovat kaikki lähteneet tuonelaan, kuoleman viikate on korjannut heidät kaikki. Mutta sinun yllesi en ole lähettänyt kuolemaa, en ole sallinut minkään tappavan taudin tulla yllesi, en ole antanut kuoleman viikatteen kohdata sinua, en ole sallinut tuonelan verkkojen kietoa sinua, en ole milloinkaan toivonut sinun kohtaavan mitään pahaa.

...Mutta hyväksi lohdutukseksi olen lähettänyt säteeni sen kanssa. Hän sanoi minulle: On kaksitoista tuntia, ja sitten minä otan kaikki säteet. Niin kuin se loistava mies sanoi tämän, minä näin huoneeni auringon kohoavan taivaaseen, mutta tuota kruunua minä en enää nähnyt, ja tuo aurinko oli niin kuin sinä, isäni." Ja Mikael sanoi Aabrahamille: "Poikasi Iisak on puhunut totuuden, sillä sinä menet, ja sinut viedään ylös taivaisiin, mutta sinun ruumiisi jää maan päälle, kunnes seitsemän tuhatta aikaa on täyttynyt, sillä silloin kaikki liha nousee. Nyt sen tähden, Aabraham, aseta huoneesi ja lapsesi järjestykseen, sillä sinä olet täysin kuullut, mitä on julistettu sinuun liittyen."

...enkelijohtaja Mikael sinulle, että tietäisit maailmasta lähtösi, ja asettaisit huoneesi järjestykseen, ja kaiken, mikä kuuluu sinulle, ja siunaisit rakasta poikaasi Iisakia. Ja nyt tiedä, että minä en ole tehnyt tätä toivoen saattavani sinua surulliseksi. Minkä tähden sitten olet sanonut enkelijohtajalleni, että minä en mene kanssasi? Minkä tähden olet puhunut näin? Etkö tiedä, että jos annan kuoleman tulla yllesi, silloin näen, haluatko tulla vai et?"

Luku 9.

Ja otettuaan vastaan nämä kehotukset Herralta, tuo enkelijohtaja meni alas Aabrahamin luokse, ja nähdessään hänet, vanhurskaan, lankesi maahan kasvoilleen ikään kuin kuolleena, ja tuo enkelijohtaja kertoi hänelle kaiken, mitä oli kuullut Korkeimmalta. Sitten pyhä ja oikeamielinen Aabraham vuodatti paljon kyyneleitä tuon ruumiittoman jalkoihin ja rukoili häntä sanoen: "Rukoilen sinua, ylhäällä olevien sotajoukkojen enkelijohtaja, sillä sinä olet alentanut itsesi tulemaan minun, syntisen ja kaikessa arvottoman palvelijan luokse, minä rukoilen sinua, oi enkelijohtaja, kantamaan vielä sanojani Korkeimmalle, ja sinun tulee sanoa hänelle: Näin sanoo Aabraham, sinun palvelijasi, Herra, Herra, jokaisessa työssä ja sanassa, joita olen sinulta pyytänyt, sinä olet minua kuullut, ja olet täyttänyt kaikki tarpeeni. Nyt, Herra, minä en vastusta voimaasi, sillä minä tiedän, että olen kuolevainen enkä kuolematon. Sillä sinun käskystäsi kaikki riippuu, ja pelko ja vavistus ovat voimasi kasvoissa, myös minä pelkään, mutta minulla on Sinulle yksi pyyntö, ja nyt, Herra ja Valtias, kuule rukoukseni, sillä kun vielä olen tässä ruumiissa, minä tahdon nähdä kaiken asutun maan ja kaikki luodut, jotka vahvistit yhdellä sanalla, ja kunä nämä näen, silloin, jos poistun elämästä, olen ilman murhetta." Niin tuo enkelijohtaja meni taas takaisin ja seisoi Jumalan edessä, ja kertoi Hänelle kaiken, sanoen: "Näin sanoo ystäväsi Aabraham: Minä tahdoin katsella kaikkea maata elinaikanani, ennen kuin kuolin." Ja tämän kuullessaan Korkein käski jälleen enkelijohtaja Mikaelia ja sanoi hänelle: "Ota valopilvi ja ne enkelit, joilla on valta vaunuihin, ja mene alas, ota vanhurskas Aabraham kerubien vaunuihin, ja nosta hänet taivaan ilmoihin, että hän voisi katsella kaikkea maata."

Luku 10.

Ja arkkienkeli Mikael meni alas ja otti Aabrahamin kerubien vaunuihin, ja nosti hänet taivaan ilmoihin, ja johdatti häntä pilvien yllä kuudenkymmenen enkelin kanssa, ja Aabraham kohosi vaunuissa kaiken maan ylle. Ja Aabraham näki maailman, niin kuin se oli tuona päivänä, jotkut kyntämässä, toiset ajamassa vaunuissa, yhdessä paikassa ihmiset paimensivat laumoja, ja toisessa Aabraham vastasi ja sanoi Mikaelille: "Rukoilen sinua, herra, jos poistun ruumiistani, olen halunnut olla ylös otettu ruumiissani, että näkisin kaikki ne luodut, jotka Herra, minun Jumalani on luonut taivaaseen ja maan päälle." Mikael vastasi ja sanoi: "Tämä ei ole minun tehtäväni, mutta minä menen ja kerron tästä Herralle, ja jos minua käsketään, minä näytän sinulle nämä kaikki."

Luku 8.

Ja Mikael meni ylös taivaaseen ja puhui Herran edessä liittyen Aabrahamiin, ja Herra vastasi Mikaelille: "Mene ja ota Aabraham ylös ruumiissaan, ja näytä kaikki hänelle, ja mitä hän sinulle sanoo, tee se hänelle niin kuin minun ystävälleni." Niin Mikael meni ja otti Aabrahamin ruumiissaan pilveen, ja vei hänet valtameren joelle.

...katsoen heitä yöllä, ja tanssien ja leikkien ja soittaen, toisessa paikassa ihmiset riitelivät ja kiistelivät laista, toisaalla ihmiset itkivät ja muistelivat kuolleitaan. Hän näki myös, kuinka vastanaineet otettiin kunnialla vastaan, ja sanalla sanoen hän näki kaikki asiat, mitä on maailmassa tehty, sekä hyvät että pahat. Kulkiessaan yli Aabraham siis näki miehiä, kantaen miekkoja, pidellen käsissään teroitettuja miekkoja, ja Aabraham kysyi tuolta enkelijohtajalta: "Keitä nämä ovat?" Tuo enkelijohtaja sanoi: "Nämä ovat varkaita, jotka aikovat murhata ja varastaa ja polttaa ja hävittää". Aabraham sanoi: "Herra, Herra, kuule minun ääneni, ja käske, että villipedot tulisivat metsästä ja tuhoaisivat heidät." Ja hänen vielä puhuessaan metsästä tuli villipetoja, ja ne tuhosivat heidät. Ja toisessa paikassa hän näki miehen naisen kanssa tekemässä huorin ja hän sanoi: "Herra, Herra, käske, että maa aukenisi ja nielaisisi heidät", ja heti maa halkesi ja nielaisi heidät. Ja toisessa paikassa hän näki miehiä murtautumassa taloon ja kantamassa pois toisten omaisuuksia, ja hän sanoi: "Herra, Herra, käske, että tuli lähtisi taivaasta ja kuluttaisi heidät". Ja hänen vielä puhuessaan tuli lankesi taivaasta ja kulutti heidät. Ja heti taivaasta tuli ääni, sanoen tuolle enkelijohtajalle näin: "Oi enkelijohtaja Mikael, käske vaunuja pysähtymään ja käännä Aabraham pois, että hän ei näkisi kaikkea maata, sillä jos hän katselee kaikkia pahuudessa eläviä, hän hävittää kaiken luomakunnan. Sillä katso, Aabraham ei tee syntiä, eikä hänellä ole sääliä synnintekijöitä, mutta minä olen tehnyt maailman, enkä tahdo tuhota heistä yhtäkään, vaan tahdon odottaa synnintekijän kuolemaan saakka, että hän kääntyisi ja eläisi. Mutta vie Aabraham taivaan ensimmäiselle portille, että hän näkisi siellä tuomiot ja takaisinmaksut, ja niiden syntisten sielujen katumuksen, jotka hän on hävittänyt."

Luku 11.

Niin Mikael käänsi vaunut ja vei Aabrahamin itään, taivaan ensimmäiselle portille; ja Aabraham näki kaksi tietä, yhden kapean ja ahtaan, toisen leveän ja tilavan, ja siellä hän näki kaksi porttia, leveän portin avaralla tiellä, ja ahtaan portin tuolla kapealla tiellä. Ja noiden kahden portin ulkopuolella hän näki miehen istumassa kullatulla valtaistuimella, ja tuon miehen olemus oli kauhistuttava, ikään kuin Herran. Ja he näkivät monia sieluja, joita enkelit ajoivat eteenpäin ja johdattivat sisään tuon avaran portin läpi, ja toisia sieluja, vähäiset lukumäärältään, joita enkelit veivät ahtaasta portista sisälle. Ja kun...

Luku 12.

Ja sen jälkeen, kun Aabraham oli nähnyt tuomion paikan, pilvi vei hänet alempana olevalle perustukselle, ja Aabraham katsoi alas maan päälle, ja näki miehen tekevän aviorikosta naimisissa olevan naisen kanssa. Ja Aabraham kääntyi ja sanoi Mikaelille: "Näetkö sinä tämän pahuuden? Mutta, Herra, lähetä taivaasta tuli kuluttamaan heidät!" Ja heti tuli lankesi ja kulutti heidät, sillä Herra oli sanonut Mikaelille: "Mitä ikinä Aabraham sinua pyytääkin tekemään hänelle, tee se". Ja Aabraham katsoi uudelleen, ja näki toisten miesten puhuen katkerasti ja haukkuen seuralaisiaan, ja sanoi: "Avautukoon maa ja nielaiskoon heidät!", ja kun hän puhui, maa nielaisi heidät elävältä. Jälleen pilvi johdatti heidät toiseen paikkaan, ja Aabraham näki muutamien menevän erämaahan murhaamaan, ja hän sanoi Mikaelille: "Näetkö sinä tämän pahuuden? Mutta tulkoon erämaasta villipetoja, ja repiköön heidät kappaleiksi", ja tuolla samalla hetkellä erämaasta tuli villipetoja ja ne söivät heidät. Sitten Herra Jumala puhui Mikaelille sanoen: "Käännä Aabraham omaan kotiinsa, äläkä anna hänen kulkea ympäri koko tekemäni luomakunnan, sillä hän ei sääli synnin tekijöitä, mutta minä säälin synnintekijöitä, että voisivat kääntyä ja elää, ja katua syntejään ja pelastua."

Ja Aabraham katsoi ja näki kaksi porttia, yhden pienen ja toisen avaran, ja noiden kahden portin välillä istui mies suuren kirkkauden valtaistuimella, ja valtava enkelijoukko hänen ympärillään, ja hän itki, ja taas nauroi, mutta hänen itkemisensä ylitti hänen naurunsa seitsenkertaisesti. Ja Aabraham sanoi Mikaelille: "Kuka tämä on, joka istuu noiden kahden portin välissä, suuressa kirkkaudessa; joskus hän nauraa ja joskus hän itkee, ja hänen itkemisensä ylittää hänen nauramisensa seitsenkertaisesti?" Ja Mikael sanoi

Aabrahamille: "Etkö tiedä, kuka tämä on?" Ja hän sanoi: "En, herra." Ja Mikael sanoi Aabrahamille: "Näetkö nämä kaksi porttia, pienen ja suuren? Nämä ovat ne, jotka...

...Tuo ihmeellinen, joka istui kultaisella valtaistuimella, näki harvojen astuvan sisään ahtaasta portista, ja monien astuvan sisälle avarasta, heti tuo ihmeellinen repi hiuksiaan ja poskiensa partaa, ja heittäytyi valtaistuimeltaan maahan, itkien ja valittaen. Mutta kun hän näki monien sielujen astuvan sisään ahtaasta portista, silloin hän nousi maasta ja istui valtaistuimelleen suuressa ilossa, riemuiten ja ylistäen. Ja Aabraham kysyi tuolta enkelijohtajalta: "Herrani enkelijohtaja, kuka on tämä, mitä ihmeellisin mies, sellaisella kirkkaudella kaunistettu, ja välillä hän itkee ja valittaa ja välillä riemuitsee ja ylistää?" Tuo ruumiiton sanoi: "Tämä on se ensin luotu ihminen, joka on sellaisessa kirkkaudessa, ja hän katsoo maailmaa, sillä kaikki on syntynyt hänestä, ja kun hän näkee monien sielujen menevän tuosta ahtaasta portista läpi, silloin hän nousee ja istuu valtaistuimelleen riemuiten ja ylistäen ilossa, sillä tämä ahdas portti on oikeamielisten ja se johtaa elämään, ja ne, jotka astuvat siitä läpi, menevät paratiisiin. Sillä tästä tuo ensin luotu ihminen riemuitsee, koska hän näkee sielujen pelastuvan. Mutta kun hän näkee monien sielujen astuvan sisään tuon avaran portin läpi, silloin hän vetää hiuksiaan ja heittäytyy maahan, itkien ja valittaen katkerasti, sillä tuo leveä portti on synnintekijöille, ja se johtaa tuhoon ja iankaikkiseen rangaistukseen. Ja tämän tähden tuo ensin luotu ihminen lankeaa valtaistuimeltaan itkien ja valittaen synnintekijöiden tuhoa, sillä niitä on monta, jotka ovat kadotettuja, ja heitä on harvoja, jotka pelastuvat, sillä tuskin seitsemästä tuhannesta löytyy yksi sielu, joka pelastuu, olemalla vanhurskas ja saastuttamaton.

Luku 12.

Kun hän vielä sanoi näitä asioita minulle, katso, kaksi enkeliä, tulisia olemukseltaan ja armottomia mieleltään ja class=GramE>ankaria katseeltaan, ja he ajoivat eteenpäin tuhansia sieluja, armottomasti ruoskien heitä tulisilla piiskoilla. Enkeli otti yhdestä sielusta kiinni ja he ajoivat kaikki sielut sisälle tuhoon tuosta leveästä portista. Niin myös me menimme enkelten kanssa ja tulimme tuon leveän portin sisäpuolelle, ja noiden kahden portin välissä oli valtaistuin, kauhistuttava olemukseltaan, tulen lailla välkkyvää kristallia, ja siinä istui ihmeellinen mies, kirkas kuin aurinko, kuin Jumalan Poika. Hänen edessään oli kristallin kaltainen pöytä, kaikki kultaa ja hienoja kankaita, ja tuolla pöydällä oli kirja, paksuudeltaan kuusi kyynärää ja leveydeltään kymmenen kyynärää, ja sen oikealla ja vasemmalla puolella istui enkeli, kokonaan tulinen, armoton ja ankara, pidellen pasuunaa kädessään, jolla oli siinä johdatus elämään ja tuhoon.

"Tämä mies, joka istuu heisän välissään, on ensimmäinen Herran luoma ihminen, jonka Hän asetti tähän paikkaan, että hn näkisi jokaisen sielun, joka lähtee ruumiista, sillä kaikki ovat lähteneet hänestä. Kun siis näet hänen itkevän, tiedä, että hän on nähnyt, kuinka monia sieluja johdatetaan tuhoon, mutta kun näet hänen nauravan, hän on nähnyt monien sielujen johdatettavan elämään. Näetkö, kuinka hänen itkemisensä ylittää hänen nauramisensa? Sillä hän näkee, että suurempaa osaa maailmasta johdatetaan pois, leveän portin kautta tuhoon, sen tähden hänen itkemisensä ylittää hänen nauramisensa seitsenkertaisesti."

Luku 9.

Ja Aabraham sanoi: "Ja hän, joka ei mene ahtaasta portista sisälle, eikö hän voi astua sisälle elämään?" Sitten Aabraham itki, sanoen: "Voi minua, mitä minä voin tehdä? Sillä minä olen ruumiiltani leveä, kuinka minä kykenisin astumaan sisään tuosta ahtaasta portista, jonka kautta ei edes viisitoistavuotias poika voi astua sisään?" Mikael vastasi ja sanoi Aabrahamille: "Älä pelkää, isä, äläkä sure, sillä sinä astut siitä sisään esteettä, samoin kuin kaikki ne, jotka ovat sinun kaltaisiasi."

Ja kun Aabraham seisoi ja ihmetteli, katso, Herran enkeli oli ajamassa kuudenkymmenen tuhannen synnintekijän sielua tuhoon, ja Aabraham sanoi Mikaelille: "Menevätkö kaikki nämä tuhoon?" Ja Mikael sanoi hänelle: "Kyllä, mutta menkäämme ja etsikäämme näiden sielujen keskuudesta, onko siellä yhtäkään vanhurskasta." Ja kun he menivät, he löysivät erään enkelin pitävän kädessään yhden naisen sielua, näiden kuudenkymmenen tuhannen keskuudesta, sillä hän oli havainnut hänen syntiensä painavan yhtä paljon, kuin hänen tekonsa, ja ne eivät olleet liikkeessä eivätkä levossa, vaan tilassa niiden välillä; mutta toiset sielut hän johdatti pois tuhoon. Aabraham sanoi Mikaelille: "Herra, onko tämä se enkeli, joka poistaa sielut ruumiista vai ei?" Mikael vastasi ja sanoi: "Tämä on kuolema, ja hän johdattaa ne tuomion paikkaan, että tuomari voisi koetella heitä."

Luku 10.

Ja Aabraham sanoi: "Herrani, minä rukoilen sinua, johdata minut sinne tuomion paikkaan, jossa on kaiken kuluttava tuli, jolla synnintekijöitä koetellaan." Ihmeellinen mies, joka istui valtaistuimella, class=GramE>tuomitsi sielut ja jakoi niille tuomion, ja ne kaksi enkeliä oikealla ja vasemmalla puolella kirjoittivat muistiin, oikealla puolella oleva vanhurskaudet ja vasemmalla puolella oleva pahuudet. Se, joka oli pöydän edessä, piteli vaakaa ja punnitsi sielut, ja se tulinen enkeli, joka piteli tulta, koetteli sieluja. Ja Aabraham kysyi enkelijohtaja Mikaelilta: "Mitä tämä on, mitä me katselemme?" Ja tuo enkelijohtaja sanoi: "Nämä näkemäsi asiat, Aabraham, ovat tuomio ja takaisin maksaminen." Ja katso, enkeli piteli sielua kädessään, ja hän toi sen tuomarin eteen, ja tuomari sanoi yhdelle niistä enkeleistä, jotka palvelivat häntä: "Avaa minulle tämä kirja ja etsi minulle tämän sielun synnit". Ja avattuaan kirjan hän havaitsi sen synnit ja vanhurskauden tasapainossa oleviksi, ja hän ei antanut sitä kiduttajille eikä niille, jotka pelastettiin, vaan asetti sen keskelle.

Luku 13.

Ja Aabraham sanoi: "Herrani enkelijohtaja, kuka on tämä mitä ihmeellisin tuomari? Ja keitä ovat nuo enkelit, jotka kirjoittavat muistiin? Ja kuka on tuo auringon kaltainen enkeli, joka pitelee vaakaa? Ja kuka on tuo tulinen enkeli, joka pitelee tulta?" Tuo enkelijohtaja sanoi: "Näetkö, kaikista pyhin Aabraham, tuon kauhistuttavan miehen, joka istuu valtaistuimella? Tämä on ensimmäisenä luodun Adamin poika, jota kutsutaan Abeliksi ja jonka paha Kain tappoi, ja hän istuu näin tuomitsemassa kaikkea luomakuntaa, ja tutkii tarkoin vanhurskaita ja synnintekijöitä. Sillä Jumala on sanonut: Minä en sinua tuomitse, mutta jokainen ihmisestä syntynyt ihminen tuomitaan. Sen tähden Hän on antanut hänelle tuomion, tuomitakseen maailmaa Hänen suureen ja loisteliaaseen tulemukseensa saakka, ja sitten, oi vanhurskas Aabraham, on täydellinen tuomio ja takaisinmaksu, iankaikkinen ja muuttumaton, jota kukaan ei voi muuttaa. Sillä jokainen ihminen on tullut tuosta ensin luodusta, ja sen tähden hänen poikansa tuomitsee heitä ensin tässä, ja toisessa tulemuksessa heitä tuomitsee Israelin kaksitoista heimoa, että myös minä näen, kun heitä tuomitaan." Sitten Mikael otti Aabrahamin pilvelle ja johdatti hänet paratiisiin...

...ja kun hän tuli sille paikalle, missä tuomari oli, enkeli tuli antoi tuon sielun tuomarille. Ja tuo sielu sanoi: "Herra, armahda minua." Ja tuomari sanoi: "Kuinka minä voisin armahtaa sinua, kun et sinäkään armahtanut tytärtäsi, joka sinulla oli, kohtusi hedelmää? Minkä tähden tapoit hänet?" Se vastasi: "Ei, Herra, en minä tappanut, vaan tyttäreni on valehdellut minusta." Mutta tuomari käski häntä tulemaan, joka kirjoitti, ja katso, kerubit kantoivat kahta kirjaa. Ja heidän kanssaan oli äärimmäisen suurikokoinen mies, päässään kolme kruunua, ja yksi kruunu oli korkeampi kuin ne toiset kaksi. Näitä kutsutaan todistuksen kruunuiksi. Ja tuolla miehellä oli kädessään kultainen kynä ja tuomari sanoi hänelle: "Näytä tämän sielun synnit". Ja tuo mies avasi yhden kerubien kirjoista, etsi naisen sielun synnit ja löysi ne. Ja tuomari sanoi: "Oi kurja sielu, miksi sanot, että et ole tehnyt murhaa? Etkö sinä, miehesi kuoleman jälkeen, mennyt ja tehnyt aviorikoksen tyttäresi aviomiehen kanssa, ja tappanut tyttäresi?" Ja hän tuomitsi hänet muistakin synneistä, mitä hän oli nuoruudestaan tehnyt. Kuullessaan nämä asiat tuo nainen huudahti: "Voi minua, minä unohdin kaikki ne synnit, joita tein maailmassa, mutta täällä niitä ei ole unohdettu." Sitten hänet vietiin pois ja luovutettiin kiduttajille.

Luku 11.

Ja Aabraham sanoi Mikaelille: "Herra, kuka on tämä tuomari, ja kuka on tuo toinen, joka syyttää synneistä?" Ja Mikael sanoi Aabrahamille: "Näetkö tuomarin? Tämä on Abel, joka todisti ensin, ja Jumala toi hänet tänne tuomitsemaan, ja hän, joka kantaa todistusta täällä, on taivaan ja maan opettaja ja vanhurskauden kirjuri, Eenok, sillä Herra lähetti heidät tänne kirjoittamaan jokaisen syntejä ja vanhurskauksia." Aabraham sanoi: "Ja kuinka Eenok voi punnita sieluja, kun hän ei ole nähnyt kuolemaa? Tai kuinka hän voi jakaa kaikille sieluille tuomiota?" Mikael sanoi: "Jos hän jakaa tuomiota sieluihin liittyen, se ei ole luvallista; mutta Eenok itse ei anna tuomiota, vaan se on Herra, joka niin tekee, ja hänellä on enemmänkin tekemistä kuin vain kirjoittamista. Sillä Eenok rukoili Herraa sanoen: 'En tahdo, Herra, tuomita sieluja, etten aiheuttaisi surua kenellekään', ja Herra sanoi Eenokille: 'Minä käsken sinua kirjoittamaan sellaisen sielun synnit, joka sovitetaan, ja se astuu sisään elämään, ja jos sielua ei soviteta, eikä se kadu, löydät sen synnit muistiin kirjoitettuina, ja se heitetään rangaistukseen.'"

...jokainen henkäys ja jokainen luotu. Mutta kolmannella kerralla heidät tuomitsee Herra, kaiken Jumala, ja silloin, todellakin, tuon tuomioistuimen loppu on lähellä, ja tuomion julistus kauhea, eikä ole ketään vapauttamassa. Ja nyt kolmen tuomioistuimen kautta maailman tuomio ja takaisin maksaminen tapahtuu, ja tästä syystä asiaa ei ole lopullisesti vahvistanut yksi tai kaksi todistajaa, vaan kolmen todistajan kautta kaikki vahvistetaan. Ne kaksi enkeliä oikealla puolella ja vasemmalla, nämä ovat niitä, jotka kirjoittavat muistiin synnit ja vanhurskauden, oikealla puolella oleva kirjoittaa vanhurskauden ja vasemmalla puolella oleva kirjoittaa synnit. Auringon kaltainen enkeli, joka pitää vaakaa kädessään on arkkienkeli Dokiel, punnitsija, ja hän punnitsee vanhurskaudet ja synnit Jumalan vanhurskaudella. Se tulinen ja armoton enkeli, joka pitelee tulta kädessään on arkkienkeli Puruel, jolla on valta tuleen, ja joka koettelee ihmisten teot tulella, ja jos tuli kuluttaa jonkun ihmisen työn, tuomion enkeli ottaa hänet heti kiinni ja kantaa hänet pois, synnintekijöiden paikkaan, kaikista katkerimpaan rangaistuksen paikkaan. Mutta jos jonkun työ kestää tulessa, tuo ihminen on vanhurskautettu, ja vanhurskauden enkeli ottaa hänet ja kantaa hänet pelastettavaksi oikeamielisten osaan. Ja näin, vanhurskain Aabraham, kaikkien ihmisten kaikki teot koetellaan tulessa ja vaa'assa."

Luku 14.

Ja Aabraham sanoi tuolle enkelijohtajalle: "Herrani enkelijohtaja, se sielu, jota enkeli piteli kädessään, miksi se tuomittiin keskelle asetettavaksi?" Tuo enkelijohtaja sanoi: "Kuuntele, vanhurskas Aabraham. Koska tuomari havaitsi sen synnit ja vanhurskaudet yhtäläisiksi, hän ei antanut sitä tuomiolle eikä pelastettavaksi, ennen kuin kaiken tuomari tulee." Aabraham sanoi tuolle enkelijohtajalle: "Ja mitä sielulta vielä puuttuu, että se pelastuisi?" Tuo enkelijohtaja sanoi: "Jos se saa yhdenkin vanhurskauden syntiensä yli, se pääsee sisälle pelastukseen." Aabraham sanoi tuolle enkelijohtajalle: "Tule tänne, enkelijohtaja Mikael, rukoilkaamme tämän sielun puolesta ja nähkäämme, kuuleeko Jumala meitä." Tuo enkelijohtaja sanoi: "Aamen, niin olkoon"; ja he rukoilivat ja anoivat tuon sielun puolesta, ja Jumala kuuli heitä, ja kun he nousivat rukouksestaan, he eivät nähneet sitä sielua seisomassa siellä. Ja Aabraham sanoi enkelille: "Mikä on se sielu, jota pitelit keskellä?" Ja enkeli vastasi: "Se on pelastunut vanhurskaan rukouksesi kautta, ja katso, valkeuden enkeli on ottanut sen ja kantanut sen paratiisiin." Aabraham sanoi: "Minä ylistän Jumalan, Korkeimman, nimeä, ja Hänen mittaamatonta armoaan." Ja Aabraham sanoi tuolle enkelijohtajalle: "Minä pyydän sinua, arkkienkeli, kuule anomukseni, ja kutsukaamme vielä Herraa ja anokaamme Hänen sääliään, ja rukoilkaamme Hänen armoaan niiden synnintekijöiden sieluille, jotka minä aiemmin vihassani kirosin ja hävitin, jotka maa nielaisi ja villipedot repivät kappaleiksi, ja tuli kulutti sanojeni tähden. Nyt minä tiedän, että olen tehnyt syntiä Herran, meidän Jumalamme edessä. Tule siis, oi Mikael, ylhäällä olevien sotajoukkojen enkelijohtaja; tule, kutsukaamme Jumalaa kyynelin, että Hän antaisi minulle anteeksi syntini, ja soisi minulle sen." class=GramE>Ja tuo enkelijohtaja kuuli häntä ja he rukoilivat Herran edessä, ja kun he olivat Häntä kauan aikaa kutsuneet, taivaasta kuultiin ääni, joka sanoi: "Aabraham, Aabraham, minä olen kuullut äänesi ja rukouksesi, ja annan sinun syntisi anteeksi, ja nuo, joista luulit, että minä ne tuhosin, minä olen heidät kutsunut ja vienyt heidät elämään, äärimmäisen hyvyyteni kautta, sillä hetken aikaa minä olen heille tuomiolla kostanut, ja noille, jotka maan päällä elävät ja jotka minä tuhoan, minä en kosta kuolemassa."

Luku 15.

Ja Herran ääni sanoi myös tuolle enkelijohtaja Mikaelille: "Mikael, palvelijani, käännä Aabraham kotiinsa, sillä katso, hänen loppunsa on tullut lähelle, ja hänen elämänsä mitta on täyttymässä, että hän asettaisi kaikki asiansa järjestykseen, ja sitten, ota hänet ja tuo minun luokseni." Niin tuo enkelijohtaja, kääntäen vaunut ja liven, vei Aabrahamin kotiinsa, ja hän meni kammioonsa ja istui vuoteelleen. Ja Saara, hänen vaimonsa, tuli ja syleili tuon ruumiittoman jalkoja ja puhui nöyrästi, sanoen: "Minä kiitän sinua, herrani, että olet tuonut minun herrani Aabrahamin, sillä katso, me luulimme, että hänet on otettu meiltä." Ja myös hänen poikansa Iisak tuli ja lankesi hänen kaulaansa, ja samalla tavalla kaikki hänen mies- ja naispalvelijansa ympäröivät Aabrahamia ja syleilivät häntä, ylistäen Jumalaa. Ja tuo ruumiiton sanoi heille: "Kuule, vanhurskas Aabraham! Katso, vaimo Saara, ja myös poika, Iisak, ja kaikki mies- ja naispalvelijat ympärillä! Anna pois kaikki, mitä sinulla on, sillä se päivä on tullut lähelle, jolloin poistut ruumiista ja menet Herran luokse ainiaaksi." Aabraham sanoi: "Onko Herra sanonut sen, vai sanotko sinä tämän itsestäsi?" Tuo enkelijohtaja vastasi: "Kuule, vanhurskas Aabraham. Herra on käskenyt, ja minä kerron sen sinulle." Aabraham sanoi: "Minä en halua lähteä." Kuullessaan nämä sanat, tuo enkelijohtaja meni heti pois Aabrahamin läsnäolosta, ja meni ylös taivaisiin, ja...

...Ja noin yhdeksännellä tunnilla Mikael toi Aabrahamin takaisin hänen taloonsa. Mutta Saara, hänen vaimonsa, ei ymmärtänyt, mitä Aabrahamista oli tullut, ja surun murtamana hän antoi henkensä, ja palattuaan Aabraham löysi hänet kuolleena ja hautasi hänet.

...seisoi Korkeimman Jumalan edessä ja sanoi: "Herra Kaikkivaltias, katso, minä olen kuullut ystävääsi Aabrahamia kaikessa, mitä hän on Sinulle sanonut, ja täyttänyt hänen pyyntönsä. Minä olen näyttänyt hänelle Sinun voimasi, ja kaiken maan ja meren, joka on taivaan alla. Minä olen näyttänyt hänelle tuomion ja koston, pilvillä ja vaunuilla, ja vieläkin hän sanoo, ettei lähde kanssani." Ja Korkein sanoi tuolle enkelille: "Sanooko ystäväni Aabraham vieläkin, ettei mene kanssasi?" Arkkienkeli sanoi: "Herra Kaikkivaltias, näin hän sanoo, ja minä pidättäydyn koskemasta häneen kädelläni, sillä alusta alkaen hän ollut ystäväsi, ja on tehnyt kaiken Sinun mielesi mukaan. Maan päällä ei ole hänen kaltaistaan miestä, ei edes Job, tuo ihmeellinen mies, ja sen tähden pidättäydyn koskemasta häneen. Käske siis, kuolematon Kuningas, mitä tulee tehdä."

Luku 16.

Sitten Korkein sanoi: "Kutsu tänne kuolema, jolla sanotaan olevan häpeämätön ulkomuoto ja armoton katse." Ja Mikael meni ja sanoi kuolemalle: "Tule tänne, luomakunnan Herra, kuolematon Kuningas, kutsuu sinua." Ja kuullessaan tämän, kuolema värisi ja vapisi, suuren kauhun valtaamana, ja suurella pelolla tullen se seisahtui näkymättömän Isän eteen, väristen, huokaillen ja vapisten, odottaen Herran käskyä. Sen tähden Jumala sanoi kuolemalle: "Tule tänne, sinä maailmalle katkera ja julma, kätke ankaruutesi, peitä turmeluksesi ja heitä katkeruutesi pois, ja pukeudu kauneuteesi ja kaikkeen loistoosi, ja mene alas, Aabrahamin, minun ystäväni luokse, ja ota hänet, ja tuo hänet minun luokseni. Mutta nyt, käsken sinua myös olemaan kauhistuttamatta häntä, vaan tuo hänet hyvällä puheella, sillä hän on minun oma ystäväni." Tämän kuultuaan kuolema meni Korkeimman läsnäolosta, ja puki ylleen suuren kirkkauden viitan, ja teki olemuksestaan sellaisen, kuin aurinko, ja tuli puhtaaksi ja kauniimmaksi yli ihmisten poikien, ottaen arkkienkelin muodon, posket tulesta palaen, ja hän lähti Aabrahamin luokse. Vanhurskas Aabraham lähti kammiostaan ja istui Mamren puiden alle, pidellen leukaansa käsissään, ja odottaen arkkienkeli Mikaelin tulemusta. Ja katso, suloinen tuoksu tuli hänen luokseen, ja valon välähdys, ja Aabraham kääntyi ja näki kuoleman tulevan häntä kohti suuressa kirkkaudessa ja kauneudessa. Ja Aabraham nousi ja meni kohtaamaan häntä, ajatellen, että tämä oli Jumalan enkelijohtaja, ja kuolema katseli häntä, tervehti häntä, ja sanoi: "Riemuitse, kallisarvoinen Aabraham, vanhurskas sielu, Korkeimman Jumalan todellinen ystävä, ja pyhien enkelten seuralainen."

Luku 13.

Mutta kun Aabrahamin kuolinpäivä lähestyi, Herra Jumala sanoi Mikaelille: "Kuolema ei uskalla lähestyä ottamaan pois palvelijani sielua, sillä hän on minun ystäväni, mutta mene sinä ja kaunista kuolema suurella kauneudella ja lähetä hänet näin Aabrahamin luokse, että hän näkisi hänet omilla silmillään." Ja heti Mikael - niin kuin oli käsketty - kaunisti kuoleman suurella kauneudella, ja lähetti hänet näin Aabrahamin luokse, että hän näkisi hänet omilla silmillään. Ja hän istui alas, Aabrahamin viereen, ja Aabraham, nähdessään kuoleman istuvan vieressään, oli suuresti peloissaan. Ja kuolema sanoi Aabrahamille: "Tervehdys, pyhä sielu! Tervehdys, Herran Jumalan ystävä! Tervehdys, matkamiesten lohduttaja ja hoitaja!" Ja Aabraham sanoi: "Olet tervetullut, Jumalan, Korkeimman, palvelija. Pyydän sinua; kerro, kuka olet, ja astu talooni ottamaan osasi ruuasta ja juomasta, ja lähde, sillä siitä lähtien, kun olen nähnyt sinun istuvan vierelläni, minun sieluni on ollut murheellinen. Sillä minä en ole ollenkaan sen arvoinen, että tulisin lähellesi, sillä sinä olet korotettu henki, ja minä olen lihaa ja verta. Ja sen tähden en voi sietää kirkkauttasi, sillä minä näen, että kauneutesi ei ole tästä maailmasta." Ja kuolema sanoi Aabrahamille: "Minä kerron sinulle: Kaikessa siinä luomakunnassa, jonka Jumala on tehnyt, ei ketään ole havaittu sinun kaltaiseksesi, sillä jopa Herra itse ei ole edes etsimällä löytänyt sellaista koko maan päältä." Ja Aabraham sanoi kuolemalle: "Kuinka uskallat valehdella? Sillä minä näen, että sinun...

Aabraham sanoi kuolemalle: "Tervehdys, sinä, jonka olemus ja ulkomuoto on kuin auringolla, loisteliain auttaja, valontuoja, ihmeellinen, mistä kirkkautesi tulee meille, ja kuka olet ja mistä tulet?" Sitten kuolema sanoi: "Vanhurskain Aabraham, katso, kerron sinulle totuuden. Olen katkera kuolema." Aabraham sanoi hänelle: "Ei, vaan sinä olet maailman komeus, sinä olet enkelten ja ihmisten loisto ja kauneus, sinä olet puhtaampi muodolta kuin kukaan muu, ja sanot olevasi katkera kuolema, etkä sano olevasi puhtain kaikessa." Kuolema sanoi: "Minä puhun totuuden. class=GramE>Mitä on Herra on minulle sanonut, sen myös minä sinulle kerron." Aabraham sanoi: "Mitä varten olet tullut tänne?" Kuolema sanoi: "Sinun pyhän sielusi tähden minä olen tullut." Sitten Aabraham sanoi: "Minä tiedän, mitä tarkoitat, mutta en lähde kanssasi"; ja kuolema oli vaiti, eikä vastannut hänelle sanallakaan.

Luku 17.

Sitten Aabraham nousi ja meni taloonsa, ja myös kuolema tuli hänen seurassaan sinne. Ja Aabraham meni ylös kammioonsa ja kuolema meni ylös hänen kanssaan. Ja Aabraham laskeutui alas vuoteelleen, ja kuolema tuli ja istui hänen jalkoihinsa. Sitten Aabraham sanoi: "Lähde, mene pois, sillä minä tahdon levätä vuoteellani." Kuolema sanoi: "En lähde, ennen kuin otan henkesi sinusta." Aabraham sanoi hänelle: "Kuolemattoman Jumalan kautta vaadin sinua kertomaan minulle totuuden: Oletko sinä kuolema?" Kuolema sanoi hänelle: "Minä olen kuolema. Minä olen maailman hävittäjä." Aabraham sanoi: "Pyydän sinua, koska olet kuolema, tuletko sinä näin kaikessa puhtaudessa ja loistossa ja kauneudessa?" Kuolema sanoi: "Ei, herrani Aabraham, sillä sinun vanhurskautesi, ja vieraanvaraisuutesi rajaton meri, ja rakkautesi suuruus Jumalaa kohtaan, on tullut kruunuksi pääni päälle, ja kauneudessa ja suuressa rauhassa ja lempeydessä minä lähestyn vanhurskaita, mutta synnintekijöiden luokse minä tulen suuressa tuhossa ja ankaruudessa ja suurimmalla katkeruudella, ankaralla ja armottomalla ulkonäöllä." Aabraham sanoi: "Pyydän sinua; kuule minua ja näytä minulle ankaruutesi ja kaikki pahuutesi ja katkeruutesi." Ja kuolema sanoi: "Et sinä voi katsella minun ankaruuttani, vanhurskain Aabraham." Aabraham sanoi: "Kyllä minä kykenen katsomaan kaikkea ankaruuttasi, elävän Jumalan nimen kautta, sillä Jumalani, joka on taivaassa, voima on kanssani." Sitten kuolema laittoi pois kaiken komeutensa ja kauneutensa, ja kaiken hänen loistonsa ja sen auringon kaltaisen muodon, jolla hänet oli vaatetettu, ja puki ylleen hirmuvaltiaan viitan, ja teki olemuksestaan synkän ja kaikenlaisia villipetoja ankaramman, ja saastaistakin saastaisemman. Ja hän näytti Aabrahamille seitsemän sellaista kauneutta, jotka eivät ole tästä maailmasta. Ja kuolema sanoi Aabrahamille: "Älä ajattele, Aabraham, että tämä kauneus on minun, tai että tulisin näin jokaisen ihmisne luokse. Ei, mutta jos kukaan on vanhurskas, niin kuin sinä, minä otan näin kruunut ja tulen hänen luokseen, mutta jos se on syntinen, minä tulen suuressa pahuudessa, ja heidän synneistään minä teen kruunun päähäni, ja minä ravistelen heitä suurella pelolla niin, että he ovat kauhuissaan." Sen tähden Aabraham sanoi hänelle: "Ja mistä tulee kauneutesi?" Ja kuolema sanoi: "Ei ole ketään, joka olisi niin täynnä pahaa, kuin minä olen." Aabraham sanoi hänelle: "Oletko sinä todella se, jota kutsutaan kuolemaksi?" Hän vastasi hänelle ja sanoi: "Minä olen se katkera nimi. Minä itken...

Luku 14.

Ja Aabraham sanoi kuolemalle: "Näytä meille pahuutesi." Ja kuolema teki turmeluksensa näkyväksi; ja hänellä oli kaksi päätä, yhdellä oli käärmeen kasvot, ja sen kautta jotkut kuolevat, käärmeenpuremista, ja toinen pää oli kuin miekka; sen kautta jotkut kuolevat, miekan ja jousien kautta.

...tulisia käärmeen päitä ja neljättoista kasvot, liekehtivää tulta ja suurta raivoa, ja pimeyden kasvot, ja kaikista kauheimmat myrkkykäärmeen kasvot, ja kaikista kauheimman vuorenseinämän kasvot, ja kasvot käärmettä ankarammat, ja kauhean leijonan kasvot ja cerastes ja basiliskin kasvot. Ja hän näytti hänelle myös tulisen, käyrän miekan kasvot, ja miekkaa kantavat kasvot, salaman kasvot, jotka löivät kauheasti, ja pelottavan ukkosen äänen. Hän näytti hänelle myös myrskyisen meren toisen pinnan, ja ankarasti raivoavan joen, ja kauhean kolmipäisen käärmeen, ja maljan, jossa oli myrkkyjä sekoitettuina, ja kohta hän näytti hänelle suuren ankaruuden ja sietämättömän katkeruuden, ja jokaisen kuolevaisten taudin ikään kuin kuoleman hajuna. Ja tuosta suuresta katkeruudesta ja ankaruudesta kuoli palvelijoita ja palvelijattaria noin seitsemän tuhatta, ja vanhurskas Aabraham tuli kuoleman yhdentekevyyteen niin, että hänen henkensä horjui.

Tuona päivänä Aabrahamin palvelijat kuolivat kuolemanpelon tähden, ja Aabraham ne nähdessään rukoili Herraa, ja Hän nostatti ne ylös.

Luku 18.

Ja nähdessään nämä asiat näin, Aabraham sanoi kuolemalle: "Pyydän sinua, kaiken hävittävä kuolema, kätke ankaruutesi ja pue yllesi kauneutesi ja se muoto, joka sinulla oli aikaisemmin." Ja heti kuolema kätki ankaruutensa ja puki yllensä hänen kauneutensa, joka hänellä oli ollut aikaisemmin. Ja Aabraham sanoi kuolemalle: "Miksi olet tehnyt tämän, että olet tappanut kaikki palvelijani ja palvelijattareni? Tätäkö varten Jumala on lähettänyt sinut tänne tänään?" Kuolema sanoi: "Ei, herrani Aabraham, ei ole, niin kuin sanot, vaan sinun tähtesi minut on lähetetty tänne." Aabraham sanoi kuolemalle: "Kuinka sitten nämä ovat kuolleet? Eikö Herra ole siitä puhunut?" Kuolema sanoi: "Usko, vanhurskain Aabraham, että myös tämä on ihmeellistä, ettei myös sinua otettu pois heidän kanssaan. Kuitenkin minä kerron sinulle totuuden, sillä jos Jumalan oikea käsi ei olisi ollut kanssasi tuolla hetkellä, myös sinun olisi täytynyt lähteä tästä elämästä." Vanhurskas Aabraham sanoi: "Nyt minä tiedän, että olen tullut kuoleman turtuneisuuteen, niin että henkeni horjuu, mutta minä pyydän sinua, kaiken hävittävä kuolema, sillä palvelijani ovat kuolleet ennen aikaansa, tule, rukoilkaamme Herraa, meidän Jumalaamme, että Hän kuulisi meitä ja herättäisi nuo, jotka kuolivat julmuutesi tähden ennen aikaansa." Ja kuolema sanoi: "Aamen, niin olkoon." Sen tähden Aabraham nousi ja lankesi kasvoilleen maan pinnalle, rukouksessa, ja kuolema yhdessä hänen kanssaan, ja Herra lähetti elämän hengen niiden ylle, jotka olivat kuolleita, ja heistä tuli jälleen eläviä. Sitten vanhurskas Aabraham antoi kunnian Jumalalle.

Luku 19.

Ja hän meni ylös kammioonsa, laskeutui lepäämään, ja kuolema tuli ja seisoi hänen edessään. Ja Aabraham sanoi hänelle: "Lähde luotani, sillä minä tahdon levätä, sillä minun henkeni horjuu." Kuolema sanoi: "En lähde luotasi, ennen kuin otan sielusi." Ja tylyillä kasvoilla ja vihaisella katseella Aabraham sanoi kuolemalle: "Kuka on määrännyt sinut sanomaan näin? Sinä sanot näitä sanoja itsestäsi, kerskaillen, ja minä en mene kanssasi, ennenkuin enkelijohtaja Mikael tulee luokseni, ja minä menen hänen kanssaan. Mutta myös tämän minä kerron sinulle - jos haluat, että tulen seurassasi - selitä minulle kaikki muutoksesi, ne seitsemän tulista käärmeenpäätä, ja mikä se vuorenseinämä on, ja mikä terävä miekka, ja mikä se raivoava joki, ja mikä se meri, joka niin ankarasti myrskysi. Opeta minulle myös siitä sietämättömästä ukkosesta ja kauheista salamoista ja siitä pahalle haisevasta maljasta, johon oli sekoitettu myrkkyjä. Opeta minua kaikkiin näihin liittyen." Ja kuolema vastasi: "Kuuntele, vanhurskas Aabraham. Seitsemän aikaa minä hävitän maailmaa ja johdatan kaikkia alas tuonelaan, kuninkaita ja valtiaita, rikkaita ja köyhiä, orjia ja vapaita minä kuljetan tuonelan pohjalle, ja tämän tähden minä näytin sinulle seitsemän käärmeen päät. Ne tuliset kasvot näytin sinulle, koska monet kuolevat tulen kuluttamina, ja katselevat kuolemaa tulisten kasvojen läpi. Sen vuorenseinämän minä näytin sinulle, koska monet ihmiset kuolevat laskeutuessaan puun latvoista tai kauheilta jyrkänteiltä, ja he menettävät elämänsä, ja näkevät kuoleman kauhean vuorenseinämän muodossa. Sen miekan minä näytin sinulle, koska monet tapetaan sodissa miekalla, ja he näkevät kuoleman miekkana. Suuren myrskyävän joen minä näytin sinulle, koska monet hukkuvat ja menehtyvät, kun paljot vedet vievät heidät mennessään, ja suuret joet kantavat pois, ja he näkevät kuoleman ennen aikaansa. Tuon vihaisen, raivoavan meren minä näytin sinulle, koska monet meressä lankeavat suuriin aaltoihin, ja joutuvat haaksirikkoihin, ja heidät nielaistaan, ja he katselevat kuolemaa merenä. Sen sietämättömän ukkosen ja kauhistuttavan salaman minä näytin sinulle, koska vihan hetkellä monia ihmisiä kohtaa sietämätön ukkonen ja kauhistuttava salama, jotka ottavat ihmisen kiinni, ja he näkevät kuoleman näin. Näytin sinulle myös ne myrkylliset villipedot, käärmeet ja basiliskit, leopardit ja leijonat pentuineen, karhut, ja hetkessä näytin sinulle kaikkien villipetojen kasvot, sinä vanhurskain, koska monet ihmiset tuhoutuvat villipetojen kautta, ja toiset myrkkykäärmeiden kautta, kun käärmeet ja liskot ja cerastes ja basiliskit henkäisevät heiltä elämän pois ja he kuolevat. Näytin sinulle myös ne tuhoisat maljat, myrkyllä sekoitetut, sillä ihmiset antavat toisilleen myrkkyä juotavaksi, niin että monet lähtevät heti, odottamattomasti.

Luku 20.

Aabraham sanoi: "Pyydän sinua, onko olemassa myös odottamatonta kuolemaa? Kerro." Kuolema sanoi: "Totisesti, totisesti minä sanon sinulle, että Jumalan totuudessa on seitsemänkymmentä kaksi kuolemaa. Yksi on oikeamielinen kuolema, joka tulee lasketulla ajallaan, ja yhdellä hetkellä monet astuvat kuolemaan, hautaan luovutettuina. Katso, minä olen kertonut sinulle kaiken, mitä olet pyytänyt; nyt minä käsken sinua, vanhurskain Aabraham, hylkäämään kaiken ja lopettamaan kyselemisen lopullisesti; ja tule kanssani, niin kuin Jumala ja kaiken tuomari on minua käskenyt." Aabraham sanoi kuolemalle: "Lähde luotani vielä hetkeksi, että lepäisin vuoteellani, sillä sydämeni on hyvin heikko, koska minä olen nähnyt sinut omilla silmilläni, voimani horjuvat, ja kaikki lihani jäsenet tuntuvat painavan kuin lyijy, ja henkeni on äärimmäisen ahdistunut. Lähde hetkeksi, sillä minä olen jo sanonut, etten kestä nähdä muotoasi." Silloin hänen poikansa Iisak tuli ja lankesi hänen rinnalleen itkien, ja hänen vaimonsa Saara tuli, ja syleili hänen jalkojaan, valittaen katkerasti. Sinne tulivat myös hänen mies- ja naispalvelijansa, ja he ympäröivät hänen vuodettaan, valittaen suuresti. Ja Aabraham tuli kuoleman turtuneisuuteen, ja kuolema sanoi Aabrahamille: "Tule, ota oikeasta kädestäni, ja tulkoon ilo ja elämä ja voima sinuun!" Sillä kuolema petti Aabrahamia, ja hän otti häntä oikeasta kädestä, ja heti hänen sielunsa yhtyi kuoleman käteen. Ja välittömästi tuli arkkienkeli Mikael, enkelijoukon kanssa, ja otti hänen kallisarvoisen sielunsa käsiinsä, taivaallisesti kudottuun liinavaatteeseen, ja he hoitivat hurskaan Aabrahamin ruumiin taivaallisilla voiteilla ja hajusteilla hänen kuolemansa jälkeen kolmanteen päivään saakka, ja hautasi hänet lupauksen maahan, Mamren tammelle, mutta enkelit ottivat vastaan hänen kallisarvoisen sielunsa ja nousivat taivaaseen, laulaen "kolmesti pyhä" -virttä Herralle, kaiken Jumalalle, ja hänet asetettiin sinne palvomaan Jumalaa ja Isää. class=GramE>Ja sen jälkeen, kun Herralle oli annettu suuri ylistys ja kunnia, ja Aabraham kumartui palvomaan, tuli Isän ja Jumalan saastuttamaton ääni, joka sanoi näin: "Vie siis ystäväni Aabraham paratiisiin, missä ovat minun vahurskaideni majat, ja kodit minun pyhilleni Iisakille ja Jaakobille hänen kupeissaan, missä ei ole murhetta, eikä surua, ei huokausta, vaan rauhaa ja riemua ja elämä, jolla ei ole loppua.

Ja myös me, rakkaat veljet, jäljitelkäämme patriarkka Aabrahamin vieraanvaraisuutta, ja kiintykäämme hänen oikeaan elämäntapaansa, että meidät katsoittaisiin iankaikkisen elämän arvoisiksi, ylistäen Isää, Poikaa ja Pyhää Henkeä; jolle kunnia ja voima iankaikkisesti. Aamen.

Mutta Jumala palasi ja otti Aabrahamin sielun pois ikään kuin unessa, ja arkkienkeli Mikael vei sen taivaisiin. Ja Iisak hautasi isänsä, äitinsä Saaran rinnalle, ylistäen Jumalaa, sillä Hänen on kirkkaus, kunnia ja ylistys; Isän, Pojan ja Pyhän Hengen, nyt ja aina ja iankaikkisesti. Aamen.

JOBIN TESTAMENTTI

Jobinkin testamentti mainitaan paavi Gelasiuksen julistuksessa vuodelta 496, tämä on siis ollut kirkonkin piirissä tunnettu teos jo 1500 vuotta sitten. Tämän on kääntänyt englanniksi M.R.James 1897, en tiedä mistä kielestä James oli tuon kääntänyt, mutta tässä on mahdollisimman sanatarkka suomennos. Luultavasti tämä on käännetty hepreasta, ainakin luvussa kymmenen oli 'sheol' (tuonela) ja erisnimien kirjoitusasukin viittaa siihen, ettei välillä ole muita kieliä. Jos tämä Job on siis sama kuin Jobab, raamatun mukaan hän olisi Aabrahamin isän Terahin serkku. Tämä sopii hyvin yhteen Jobin kirjan kirjoittamisen ajankohdan kanssa. Suomalaisessa 1933 VT:ssa nimi on kirjoitettu 'Joobab'. Kirjassa esiintyvä Nahor voisi olla Terahin isä. Näiden lisäksi myösUus oli Seemin poikia, kts. 1Moos.10:22-29 ja luku 11:10-24.

Luku 1.

Päivänä, jona hän tuli sairaaksi ja hän tiesi, että hän joutuisi jättämään ruumiissa olemisensa, hän kutsui hänen seitsemän poikaansa ja kolme tytärtään yhteen ja puhui heille seuraavasti: «Muodostakaa piiri ympärilleni, lapset, ja kuulkaa, ja minä kerron teille, mitä Herra teki minulle ja kaiken, mitä minulle tapahtui. Minä olen teidän isänne Job. Tietäkää siis te, minun lapseni, että te olette valitun sukupolvi ja pitäkää huoli aatelisesta syntyperästänne. Minä olen edomilainen, veljeni on Nahor ja teidän äitinne on Diina, hänen kauttaan olen tullut teidän isäksenne. Minun ensimmäinen vaimoni kuoli toisten kymmenen lapseni kanssa katkeran kuoleman. Kuunnelkaa nyt, lapset, ja minä paljastan teille sen mitä minulle tapahtui.

Minä olin hyvin rikas mies, eläen Uusin maassa ('Ausitius' olisi oikeastaan 'Uusilaisten', mutta kun raamatussammekin on Uusin maa, siksi tässäkin) ja ennen kuin Herra oli nimennyt minut Jobiksi, nimeni oli Jobab.

Koettelemukseni alku oli näin. Lähellä taloani oli eräs kansan palvoma patsas ja minä näin, kuinka sille tuotiin jatkuvasti polttouhreja kuin jumalalle. Sitten minä mietin ja sanoin itselleni: 'Onko tämä se, joka teki taivaan ja maan ja meren ja meidät kaikki? Kuinka voin tietää totuuden?'

Ja tuona yönä kun makasin unessa, ääni tuli ja kutsui: 'Jobab! Jobab! Nouse ylös, ja minä kerron sinulle, kuka se on, josta halusit tietää. Tämä kuitenkin, jolle ihmiset tuovat polttouhreja ja juomauhreja, ei ole jumala, vaan tämä on viettelijän voimaa ja työtä, jolla hän harhauttaa kansaa.'

Ja kun minä kuulin tämän, kaaduin maahan kasvoilleni ja murehdin itseäni sanoen: 'Oi minun Herrani, joka puhut sieluni pelastuksen puolesta. Minä rukoilen sinua, jos tämä on saatanan patsas, minä rukoilen sinua, anna minun mennä ja tuhota se ja puhdistaa tämä paikka. Sillä ei ole ketään, joka voisi kieltää minua tekemästä tätä, sillä minä olen tämän maan hallitsija, niin että nuo, jotka elävät siinä, eivät enää olisi johdettavissa harhaan.'

Ja ääni, joka puhui liekistä, vastasi minulle: 'Sinä voit puhdistaa tämän paikan. Mutta katso, minä julistan sinulle, mitä Herra määräsi minun kertoa sinulle, sillä minä olen Jumalan arkkienkeli.' Ja minä sanoin: 'Mitä tahansa hänen palvelijalleen kerrotaan, minä kuuntelen.' Ja arkkienkeli sanoi minulle: 'Näin puhuu Herra: Jos sinä otat tehtäväksesi tuhota ja poistaa saatanan kuvan, hän asettaa itsensä vihaan, sotimaan sinua vastaan ja hän osoittaa kaiken pahuutensa sinua vastaan. Hän tuo yllesi monia vakavia vitsauksia ja ottaa sinulta pois kaiken, mitä sinulla on. Hän ottaa pois lapsesi ja aiheuttaa sinulle paljon pahaa. Sitten sinä joudut painimaan kuin urheilija ja vastustamaan tuskaa varmana palkkiostasi, voittamaan koettelemuksia ja murheita.

Mutta kun sinä kestät, minä teen nimesi tunnetuksi läpi kaikkien maan sukupolvien, maailman loppuun saakka. Ja minä palautan sinulle kaiken, mitä sinulla oli ollut, ja sinulle annetaan kaksinkertaisesti se, mitä tulet menettämään, että tietäisit, että Jumala ei katso henkilöön, vaan antaa hyvää jokaiselle, joka sen ansaitsee. Ja myös sinulle se tullaan antamaan, ja sinulle laitetaan kuihtumaton kruunu. Ja ylösnousemuksessa heräät ikuiseen elämään. Silloin sinä tiedät, että Herra on vanhurskas ja todellinen ja mahtava.'

Johon minä vastasin, lapseni: 'Rakkaudesta Jumalaan minä kestän kuolemaan saakka kaiken, mitä tulee ylleni, enkä vetäydy takaisin.' Sitten enkeli laittoi hänen sinettinsä ylleni ja jätti minut.

Luku 2.

Tämän jälkeen minä nousin yöllä ja otin viisikymmentä orjaa ja menin patsaan temppeliin ja tuhosin sen maahan. Ja niin minä menin takaisin talooni, ja annoin käskyn, että ovi tulee lukita lujasti sanoen ovenvartijoilleni: 'Jos joku kysyy minua, älkää ilmoittako minulle vaan sanokaa hänelle: hän tutkii kiireisiä asioita, hän on sisällä.'

Sitten saatana pukeutui kerjäläisen valepukuun ja koputti kovaa ovelleni sanoen ovenvartijalle: 'Ilmoita Jobille ja sano, että haluan tavata hänet.' Ja ovenvartija tuli ja kertoi minulle sen, mutta hän kuuli, että olin opiskelemassa.

Epäonnistuttuaan tässä itse paha meni pois ja otti olkapäälleen vanhan, revityn korin ja meni ja sanoi ovenvartijalle: 'Sano Jobille, että antaa minulle leipää kädestäsi että voisin syödä.' Ja kun minä kuulin tämän, minä annoin hänelle (ovenvartija oli nainen, mutta suomen kielessä hän-sanoilla ei ole mask. tai fem. –muodoissa eroja. Monissa muissa kielissä sukupuoli tulee selvästi esille) palanutta leipää annettavaksi hänelle, ja tein hänelle selväksi: 'Älä odota syöväsi leivästäni, sillä se on sinulta kielletty'. Mutta ovenvartija häpesi ojentaa hänelle palanutta ja tuhkaista leipää, ja kun hän ei tiennyt, että se oli saatana, hän antoi hänelle omaa hyvää leipäänsä ja antoi sitä hänelle. Mutta hän otti sen tietäen, mitä tapahtui, ja sanoi neidolle: 'Mene, huono palvelija, ja tuo minulle se leipä, joka annettiin sinulle annettavaksi minulle.' Ja palvelija itki ja puhui surullisena: 'Sinä puhut totta sanoessasi minua huonoksi palvelijaksi, koska en ole tehnyt niin kuin herrani opasti.' Ja hän kääntyi ja toi hänelle palaneen leivän ja sanoi hänelle: 'Näin sanoo herrani: sinä et saa syödä enää leipääni, sillä se on kielletty sinulta. Ja tämän minä annan sinulle, ettei minua syytettäisi siitä, etten antanut viholliselle, joka pyysi.' Ja kun saatana kuuli tämän, hän lähetti palvelijan takaisin luokseni sanoen: 'Niin kuin näet, tämä leipä on kokonaan palanut, samalla tavalla poltan minä pian sinun ruumiisi tehdäkseni sen tämän kaltaiseksi.' Ja minä vastasin: 'Tee mitä haluat tehdä ja toteuta, mitä ikinä suunnitteletkin. Sillä minä olen valmis kestämään sen, mitä tuot ylleni.' Ja kun paholainen kuuli tämän, hän jätti minut ja kulkien taivaan alle hän otti Herralta valan, että hän saisi vallan kaikkeen omaisuuteeni. Ja otettuaan vallan hän meni ja otti heti kaiken hyvinvointini.

Luku 3.

Sillä minulla oli 130000 (tai 30100) lammasta, ja näistä erottelin 7000 orpojen, leskien, puutteellisten ja sairaiden vaatetukseen. Minulla oli 800:n koiran lauma, jotka vartioivat lampaitani ja näiden rinnalla 200 vartioi taloani. Ja minulla oli yhdeksän myllyä, jotka työskentelivät koko kaupungin puolesta ja laivoja kuljettamassa tavaroita, ja minä lähetin niitä jokaiseen kaupunkiin ja kylään heikoille ja sairaille ja niille, jotka olivat onnettomia. Ja minulla oli 340000 (tai 40300) paimentoilaisaasia, ja näistä asetin erilleen 500, ja näiden jälkeläiset määräsin myytäväksi ja tuoton annettavaksi köyhille ja puutteellisille. Sillä kaikesta maasta köyhät tulivat tapaamaan minua.

Taloni neljä ovea olivat avoinna, jokainen vartijan vartoioitavana, joka katsoi oliko ihmisiä tulossa kysymään almuja tai näkisivätkö he minun istuvan yhdellä ovista, että he voisivat jättää muut ja ottaa mitä ikinä he tarvitsivat.

Minulla oli myös kolmekymmentä liikkumatonta pöytää valmiina kaikkina hetkinä ainoastaan muukalaisille, ja minulla oli myös kaksitoista pöytää levitettyinä leskille. Ja jos kuka tahansa tuli kysymään almuja, hän löysi ruokaa pöydältäni otettavaksi, kaiken mitä tarvitsi, enkä käännyttänyt oveltani ketään tyhjällä vatsalla.

Minulla oli myös 3500 härkäparia, ja näistä minä valitsin 500 ja laitoin ne kyntämään. Ja näiden kanssa olin tehnyt kaiken työn jokaisella pellolla, ja niiden sadon tuoton minä laitoin sivuun köyhille heidän pöydilleen. Ja minulla oli orjia valittuna heidän palvelemisekseen. Oli myös muutamia muukalaisia, jotka ymmärsivät hyvän tahtoni ja halusivat itse palvella tarjoilijoina. Toiset, pulassa ollessaan, ja kyvyttöminä ansaitsemaan elatustaan, tulivat pyytämään sanoen: 'Me rukoilemme sinua, koska myös me voisimme täyttää tämän palvelijan viran, eikä meillä ole omaisuutta, sääli meitä ja lainaa meille rahaa, että voisimme mennä suuriin kaupunkeihin myymään. Ja ylijäämän tuotosta me antaisimme avuksi köyhille ja sitten palauttaisimme sinulle omasi. Ja kun minä kuulin tämän, minä olin iloinen, että he ottaisivat tämän yhdessä minulta taloudenhoidoksi köyhiä varten. Ja halukkaalla sydämellä minä annoin heille mitä he tahtoivat, ja hyväksyin heidän kirjallisen siteensä, mutta en ottanut heiltä muuta vakuutta paitsi tuon kirjoitetun dokumentin. Ja he menivät ulkomaille ja antoivat köyhille niin kauan kuin he menestyivät. Säännöllisesti kuitenkin joitakin heidän tavaroitaan katosi tiellä tai merellä tai heitä ryöstettiin. Silloin he tulivat luokseni ja sanoivat: 'Me rukoilemme sinua, toimi jalosti meitä kohtaan, että me näkisimme, kuinka voisimme palauttaa sinulle omasi.' Ja kun minä kuulin tämän, minä säälin heitä ja ojensin heille heidän siteensä ja usein luettuani sen heidän edessään revin sen ja vapautin heidän velastaan sanoen heille: 'Mitä olen keskittänyt köyhien hyödyksi, sitä en ota teiltä.' Ja niin en ottanut mitään vastaan velalliseltani. Ja kun ihminen tuli iloisella sydämellä luokseni sanoen: 'Minun ei ole tarvetta olla pakosta maksullinen köyhien työntekijä, mutta haluan palvella tarvitsevia sinun pöydässäsi', ja hän sopi työhön ja söi osansa, niin minä annoin hänelle kuitenkin hänen palkkansa ja menin kotiin iloiten. Ja kun hän ei halunnut ottaa sitä, minä pakotin hänet tekemään niin sanoen: 'Minä tiedän, että sinä olet työtä tekevä mies, joka etsii ja odottaa palkkaansa, ja sinun täytyy ottaa se.'

Milloinkaan en viivytellyt vuokralaisen tai kenenkään muunkaan palkkojen maksamisessa, enkä pitänyt talossani yhtäkään iltaa sitä palkkaa, joka kuului hänelle. Nuo, jotka lypsivät lehmiä ja karitsoja ilmoittivat ohikulkijoille, että he tulisivat ottamaan osansa. Sillä maitoa virtasi niin runsaasti, että se juoksettui voiksi vuorilla ja tienvarsilla, ja kalloilla ja kukkuloilla makasi karjaa, joka oli antanut jälkeläisilleen syntymän. Minun palvelijani väsyivät pitelemään leskien ja köyhien lihoja ja jakamaan niitä pieniksi paloiksi, he saattoivat kirota ja sanoa: 'Voi kun meillä olisi hänen lihaansa, että tulisimme ravituiksi', vaikka minä olin hyvin kiltti heille.

Minulla oli myös kuusi harppua ja kuusi orjaa soittamassa niitä ja myös kahdeksankielinen kitara, ja soitin sitä päivän kuluessa. Ja minä otin kitaran ja lesket vastasivat aterioidensa jälkeen. Ja musiikin avulla muistutin heitä Jumalasta, että heidän tulee ylistää Herraa. Ja kun naispuoliset orjani valittivat, otin musiikkivälineeni ja soitin sen verran kuin he olivat tehneet palkkojensa eteen ja annoin heille hengähdystaukoja työstään ja näkemisistään.

Luku 4.

Ja minun lapseni, otettuaan vastuun palvelusta, ottivat heidän ateriansa päivittäin kolmen sisarensa kanssa alkaen vanhimmasta veljestä ja he järjestivät juhlan. Ja minä nousin aamulla ja uhrasin syntiuhrina heidän puolestaan viisikymmentä oinasta ja yhdeksäntoista lammasta, ja mitä jäi jäljelle tähteeksi, se oli köyhille. Ja minä sanoin heille: 'Ottakaa nämä tähteet ja rukoilkaa lasteni puolesta, ehkä minun poikani ovat tehneet syntiä Herran edessä, puhuen hengen ylpeydessä: me olemme tämän rikkaan miehen lapsia, kaikki nämä ovat meidän, miksi olisimme köyhien palvelijoita? Ja puhuen näin ylpeällä hengellä he ovat voineet ärsyttää Jumalan vihaa, sillä ylenmääräinen ylpeys on kauhistus Herran edessä.' Niin minä toin härkiä uhreiksi papille alttarille sanoen: 'Älköön lapseni milloinkaan ajatelko pahaa Jumalaa kohtaan sydämissään.'

Kun minä elin tällä tavalla, viettelijä ei voinut sietää sen hyvän näkemistä, mitä minä tein, ja hän vaati Jumalalta sodanjulistusta minua vastaan. Ja hän tuli julmasti ylleni. Ensin hän poltti suuren lukumäärän lampaita, sitten kamelit, sitten hän poltti karjan ja kaikki laumani, tai ne ryöstettiin, eikä ainoastaan viholliset, vaan myös sellaiset, jotka olivat saaneet hyötyä minusta. Ja paimenet tulivat ja julistivat tuon minulle. Mutta kun minä kuulin sen, minä ylistin Jumalaa enkä pilkannut.

Ja kun viettelijä oli oppinut mieleni lujuudesta, hän suunnitteli uusia asioita minua vastaan. Hän pukeutui Persian kuninkaan valepukuun ja piiritti kaupunkini, ja kun hän oli johdattanut pois kaikki, jotka olivat siellä, hän puhui heille ilkeästi, sanoen ylpeillen: 'Tämä Job, joka on ominut itselleen kaikki maan tavarat eikä ole jättänyt muille mitään, hän on tuhonnut ja repinyt alas jumalan temppelin. Sen tähden minä maksan hänelle takaisin sen, mitä hän on tehnyt suuren jumalan talolle. Nyt tulkaa kanssani, ja ryöstämme kaiken, mitä on jäljellä hänen talossaan.' Ja he vastasivat ja sanoivat hänelle: 'Hänellä on seitsemän poikaa ja kolme tytärtä. Pidä huoli, etteivät he pakene muihin maihin ja tule meidän vihollisiksemme ja sitten tule voimalla yli meidän tappamaan meidät.' Ja hän sanoi: 'Älkää ollenkaan pelätkö. Minä olen tuhonnut hänen laumansa ja hyvinvointinsa tulella, ja loput olen ryöstänyt, ja katso, minä tapan hänen lapsensa.' Ja puhuttuaan näin hän meni ja hajotti talon lasteni ylle ja tappoi heidät. Ja minun seuralaiseni, asukkaat, nähdessään hänen sanansa toteutuneen, tulivat ja vainosivat minua ja ryöstivät kaiken, mitä talossani oli. Ja minä näin omilla silmilläni taloni ryöstön, ja sivistymättömät ja kunniattomat miehet istuivat pöydälläni ja sohvillani enkä voinut esittää vastalauseita heille, sillä olin uupunut kuin nainen, jonka lantiot ovat vapautuneet tuskista, muistaen hyvin, että Herra oli ennustanut tämän sodanjulistuksen minulle enkelinsä kautta. Ja minusta tuli niin kuin se, joka nähdessään raivoavan meren ja vastatuulet, kun aluksen lasti on liian raskas keskellä merta, heittää lastin mereen sanoen: minä tuhoan kaiken tämän ainoana tarkoituksenani tulla turvallisesti kaupunkiin, niin että saan hyötynä ainoastaan pelastetun laivan ja tavaroideni parhaat. Näin minä hoidin asiani.

Mutta tuli toinen viestintuoja, ja julisti minulle lasteni tuhon ja minä tärisin kauhusta. Ja minä revin vaatteeni ja sanoin: 'Herra antoi, Herra otti. Niin kuin on parasta Herralle, niin olkoon. Siunattu olkoon Herran nimi.'

Luku 5.

Ja kun saatana näki, että hän tuskin pystyi saattamaan minua epätoivoon, hän meni ja pyysi ruumistani Herralta tarkoituksenaan aiheuttaa vitsauksen minulle, sillä paha itse ei voinut sietää kärsivällisyyttäni. Sitten Herra johdatti minut hänen käsiinsä, että hän voisi käyttää ruumistani niin kuin halusi, mutta hänelle ei annettu valtaa sieluuni. Ja hän tuli luokseni, kun istuin valtaistuimella suremassa edelleen lapsiani. Ja hän kokosi suuren pyörremyrskyn ja kaatoi valtaistuimeni ja heitti minut maahan, ja minä makasin maassa kolme tuntia, ja hän löi minua kovalla vitsauksella päälaeltani varpaisiini. Ja minä jätin kaupungin suurella kauhulla ja valituksella ja istuin lantakasaan matojen syödessä ruumistani. Ja minä kastelin maan kipeän ruumiini kosteudella sillä aine valui ulos ruumiistani ja monet madot peittivät sen. ja kun yksikin mato ryömi pois ruumiistani, laitoin sen takaisin sanoen: 'Pysy siinä, mihin sinut on laitettu, kunnes Hän, joka on sinut lähettänyt, käskee sinut muualle.' Näin minä kestin seitsemän vuotta, istuen lantakasassa kaupungin ulkopuolella vitsauksen lyömänä. Ja minä näin omilla silmilläni minun ikävöimäni lapset, kuinka enkelit kantoivat heidät taivaaseen.

Ja minun nöyrän vaimoni, joka oli tuotu morsiushuoneeseensa sellaisella ylellisyydellä keihäsmiesten vartioidessa, hänen minä näin tekevän vedenkantajan työtä kuin orja tavallisen ihmisen talossa, saadakseen vähän leipää tuotavaksi minulle. Ja kipeässä murheessani sanoin: 'Voi näitä kaupungin hallitsijoita, joiden mielestä sieluni ei ole paimenkoirienikaan arvoinen, he työllistävät vaimoni palvelijaksi!' Ja tämän jälkeen sain taas rohkeutta. Vielä he myöhemmin he säännöstelivät leipää niin, että sen tuli olla ainoastaan hänen ravinnokseen. Mutta hän otti sen ja jakoi sen minun kanssani sanoen valittaen: 'Voi minua! Enää häntä ei ruokita leivällä, eikä hän voi mennä torille kysymään leipää leipäkauppiailta tuodakseen minulle että hän voisi syödä.' Ja kun saatana kuuli tämän, hän otti leivänmyyjän puvun, ja kuin sattumalta vaimoni tapasi hänet ja kysyi häneltä leipää ajatellen, että hän oli sellainen mies. Mutta saatana sanoi hänelle: 'Anna minulle maksu ja ota sitten mitä haluat', johon vaimoni vastasi sanoen: 'Mistä saan rahaa? Etkö tiedä, että minulle on sattunut onnettomuus? Jos sinulla on sääliä, osoita sitä minulle, jos ei, sinä tulet näkemään.' Ja hän vastasi sanoen: 'Jos et olisi ansainnut tätä onnettomuutta, et olisi kärsinyt kaikkea tätä. Nyt, jos kädessäsi ei ole hopeapalaa, anna minulle pääsi hiukset ja ota siitä kolme palaa leipää, niin että te eläisitte sillä kolme päivää.' Sitten hän sanoi itselleen: 'Mitä minun hiukseni ovat verrattuna nälkää näkevään mieheeni?' Ja niin mietittyään asiaa hän sanoi hänelle: 'Nouse ja leikkaa hiukseni.' Ja hän otti sakset ja otti hiukset hänen päästään kaikkien läsnäollessa ja antoi hänelle kolme leipää. Sitten hän otti ne ja toi ne minulle. Ja saatana kulki hänen takanaan tiellä, kätkien itsensä hänen kulkiessaan ja saattaen hänen sydämensä suuresti murheelliseksi.

Luku 6.

Ja heti minun vaimoni tuli lähelleni ja huutaen ääneen ja itkien hän sanoi: 'Job! Job! Kuinka kauan sinä istut lantakasalla kaupungin ulkopuolella, miettien vielä hetken ja odottaen toivomaasi pelastusta? Ja minä olen vaeltanut paikasta paikkaan, kulkien kuin vuokrattu palvelija, katso, muistoni on jo kuollut maan päältä. Ja olivatko minun poikani ja tyttäreni, jotka kannoin rinnallani, ja työ ja tuska, jotka kestin, turhaa? Ja sinä istut pahanhajuisessa kivun ja matojen paikassa viettäen yöt kylmässä ilmassa. Ja minä olen käynyt läpi kaikki koetukset ja murheet ja tuskat, päivin ja öin kunnes onnistuin tuomaan leipää sinulle. Sillä sinun leivänjäänteesi ei enää ole minulle, ja kun tuskin voin saada oman ruokani ja jakaa sen meillw, mietin sydämessäni, että ei ole oikein, että sinä olet tuskassa ja leivän nälässä. Ja niin minä uskalsin mennä torille kainostelematta, ja kun leivän myyjä sanoi minulle 'Anna rahaa ja saat leipää', vetosin murheelliseen tilaamme, silloin kuulin hänen sanovan: 'Jos sinulla ei ole rahaa, ojenna minulle pääsi hiukset, ja ota kolme leipää että eläisitte näillä kolme päivää.' Ja minä annoin vääryydelle periksi ja sanoin hänelle: 'Nouse ja leikkaa pois hiukseni!' ja hän nousi ja leikkasi häveten saksilla pois pääni hiukset torilla, ihmisjoukon seisoessa ja ihmetellessä. Kuka ei siis olisi hämmästynyt ja sanonut:

'Eikö tämä ole Sitis, Jobin vaimo, jolla oli 14 verhoa suojaamassa hänen huonettaan, ja ovia ovien sisällä, niin että se, joka tuotiin hänen lähelleen, oli suuresti kunnioitettu, ja nyt hän vaihtaa hiuksensa leipään! Jolla oli kameleja lastattuina tavaroilla, ja ne vietiin köyhille kaukaisiin maihin, ja nyt hän myy hiuksiaan leivästä! Katsokaa häntä, jolla oli seitsemän muuttumatonta pöytää valmiina talossaan, joista jokainen köyhä ja muukalainen söi, ja nyt hän myy hiuksiaan leivästä! Katsokaa häntä, jolla oli malja, jossa pestä jalat, tehty kullasta ja hopeasta, ja nyt hän kulkee maalla ja myy hiuksiaan leivästä! Katsokaa häntä, jolla oli vaatteet palttinakankaasta kiedottuna kullalla, ja nyt hän vaihtaa hiuksiaan leipään! Katsokaa häntä, jolla oli kultaisia ja hopeisia vuoteita, ja nyt hän myy hiuksensa leivästä!' Lyhyesti siis, Job, monien asioiden jälkeen, joita minulle on sanottu, sanon nyt sinulle yhden sanan: koska sydämeni heikkous on murskannut luuni, nouse ja ota nämä leivät ja nauti niistä, ja sitten siunaa Herraa ja kuole! (Job 2:9 on suomennettu aivan väärin, hepreankielisessä tekstissä sanotaan nimenomaan barech – siunaa eikä 'kiroa'. Myös King James Version on kääntänyt tuon 'curse', joka on yksi harvoista KJV:n pahoista virheistä!) Sillä myös minä vaihtaisin kuoleman turtuneisuuden ruumiini elatukseen.'

Mutta minä vastasin hänelle: 'Katso, minä olen ollut nämä seitsemän vuotta vitsauksen lyömänä, ja olen sietänyt ruumiini madot eikä sieluani ole painettu alas kaikkien näiden tuskien kautta. Ja mitä tulee puhumaasi sanaan 'siunaa Jumalaa ja kuole', yhdessä sinun kanssasi minä kestän pahan, jonka näet ja kestäkäämme kaiken sen raunioituminen, mitä meillä on. Vielä sinä tahdot, että siunaisin Jumalaa ja kuolisin. Miksi et muista kaikkea tuota hyvää, minkä omistimme? Jos kaikki nämä hyvät tulevat Herran käsistä, eikö meidän tulisi myös kestää pahat ja olla korkealla mielellä kaikessa, kunnes Herra armahtaa meitä jälleen ja osoittaa sääliä meille? Etkö ymmärrä, että viettelijä seisoo takanasi ja sekoittaa ajatuksesi, että pettäisit minua?' Ja käännyin saatanan puoleen ja sanoin: 'Miksi et tule avoimesti luokseni? Lopeta piilottelu, sinä raukka, näyttääkö leijona voimansa kärpän (tässä voi olla joku muukin näätäeläin) häkissä? Tai lentääkö lintu korissa? Nyt minä käsken sinua: Mene pois, ja sodi sotaasi minua vastaan.'

Sitten hän lähti pois vaimoni takaa ja asetti itsensä eteeni, ja itkien hän sanoi: 'Katso, Job, minä teen vääryyttä ja annan tietä sinulle, joka olet vain lihaa, ja minä olen henki. Sinä olet vitsauksen lyömä, mutta minä olen murheellinen. Sillä minä olen kuin painija, joka kamppailee sellaisen painijan kanssa, joka on yhdellä kädellä ottelussa heittänyt vastustajansa maahan ja särkenyt hänen jokaisen jäsenensä ja peittänyt hänet maan tomulla, ja toinen, joka makaa alla, osoitettuaan rohkeutensa, soittaa voiton ääniä todistaen ylemmän loistokkuutensa. Sinä, Job, olet alla, lyöty vitsauksella ja tuskalla, ja silti sinut on kannettu voittoon painiottelussa minua vastaan ja katso, minä teen sinulle vääryyttä.' Sitten hän jätti minut häpeissään. Nyt, minun lapseni, osoittakaa myös te lujaa sydäntä kaikkea pahaa vastaan, mitä teille tapahtuu, sillä kaikkea suurempi on sydämen kestävyys.

Luku 7.

Tähän aikaan kuninkaat kuulivat, mitä minulle oli tapahtunut, ja he nousivat ja tulivat luokseni, jokainen omasta maastaan, katsomaan ja lohduttamaan minua. Ja kun he tulivat lähelleni, he itkivät suureen ääneen ja jokainen repi vaatteensa. Ja sen jälkeen, kun he olivat kaatuneet maahan, koskettaen maata päillään, he istuivat alas viereeni seitsemäksi päiväksi ja seitsemäksi yöksi eikä kukaan puhunut sanaakaan. Heidän lukumääränsä oli neljä: Eliphaz, Temanin kuningas, ja Baldad ja Sophar ja Elihu. Ja kun he olivat asettuneet paikoilleen, he keskustelivat siitä, mitä oli tapahtunut minulle. Sillä ensimmäistä kertaa, kun he olivat tulleet luokseni, ja minä olin näyttänyt heille kallisarvoiset kiveni, he olivat hämmästyneitä ja sanoivat: 'Jos kaikkien meidän kolmen kuninkaan omaisuuden tuotaisiin yhteen, se ei olisi Jobabin valtakunnan arvoinen. Sillä sinä olet kuninkaallisempi kuin kaikki idän kansat.' Ja kun he nyt siis tulivat uusilaisten maahan, he kysyivät kaupungissa: 'Missä on Jobab, koko tämän maan hallitsija?' Ja heille kerrottiin minuun liittyen: 'Hän istuu lantakasalla kaupungin ulkopuolella, sillä hän ei ole astunut kaupunkiin seitsemään vuoteen.' Ja sitten he tiedustelivat omaisuuksistani, ja heille paljastettiin kaikki, mitä minulle oli tapahtunut.

Ja kun he olivat saaneet tiedokseen tämän, he menivät asukkaiden kanssa ulos kaupungista ja minun kansalaiseni osoittivat minut heille. Mutta nämä vastustivat ja sanoivat: 'Varmasti tämä ei ole Jobab.' Ja kun he epäröivät, Temanin kuningas Eliphaz sanoi: 'Tulkaa, astukaamme lähemmäs ja nähkäämme.' Ja kun he tulivat lähemmäs, minä muistin heidät ja itkin hyvin paljon, kun tiesin heidän matkansa tarkoituksen. Ja minä heitin multaa pääni päälle ja ravistaen päätäni paljastin heille olevani Job. Ja kun he näkivät minun ravistavan päätäni, he heittivät itsensä maahan, kaikki tunteiden voittamina. Ja kun heidän sotajoukkonsa seisoivat ympärillä, minä näin kolmen kuninkaan makaavan maassa kolmen tunnin ajan kuin kuolleet. Sitten he nousivat ja sanoivat toisilleen: 'Me emme voi uskoa, että tämä on Jobab.' Ja lopulta, seitsemän päivää tiedusteltuaan kaikkea minuun liittyvää ja etsittyään laumojani ja muuta omaisuuttani he sanoivat: 'Emmekö tiedä, kuinka paljon tavaraa on lähetetty hänen kauttaan ympäröiviin kaupunkeihin ja kyliin annettavaksi köyhille, kaiken sen rinnalla mitä hän itse antoi pois omassa talossaan? Kuinka sitten hän on voinut vajota sellaiseen kadotuksen ja kurjuuden tilaan!' Ja näiden seitsemän päivän kuluttua Elihu sanoi kuninkaille: 'Tulkaa, astukaamme lähemmäs ja tutkikaamme häntä tarkasti, onko hän todella Jobab vai ei.' Ja he eivät olleet enää puolen stadiumin päässä pahanhajuisesta ruumiista, vaan he nousivat ja astuivat lähemmäs kantaen hajuvettä käsissään heidän sotilaidensa kulkiessa heidän kanssaan ja heittäessä tuoksuvaa suitsuketta heidän ympärilleen niin että he voivat lähestyä minua. Ja kun he olivat kulkeneet näin kolme tuntia peittäen tiensä tuoksulla he tulivat lähelleni. Ja Eliphaz aloitti ja sanoi: 'Oletko sinä, Jobab, itse asiassa kuningas niin kuin mekin? Oletko sinä se, jolla oli suuri kunnia? Oletko sinä se, joka kerran loisti kuin päivän aurinko yli kaiken maan? Oletko sinä se, joka kerran muistutti kuuta ja tähtiä valaisemaan läpi koko yön?' Ja minä vastasin hänelle ja sanoin: 'Minä olen.' ja kaikki itkivät ja valittivat, ja he lauloivat kuninkaallisen valituslaulun heidän koko armeijansa yhtyessä kertosäkeeseen.

Ja jälleen Eliphaz sanoi minulle: 'Oletko sinä se, joka oli määrännyt 7000 lammasta köyhien vaatetukseen? Minne sitten on sinun valtaistuimesi kunnia mennyt? Oletko sinä se, joka määräsi 3000 karjaa tekemään köyhille pellon kyntämistä? Minne sitten on sinun kunniasi mennyt? Oletko sinä se, jolla oli kultaisia vuoteita, ja nyt istut lantakasalla? Minne sitten on sinun kunniasi mennyt? Oletko sinä se, jolla oli 60 pöytää valmiina köyhille? Oletko sinä se, jolla oli suitsutusastioita hyvälle tuoksulle tehty kalliista kivistä, ja nyt olet pahanhajuisessa tilassa? Minne sitten on sinun kunniasi mennyt? Oletko sinä se, jolla oli kultaiset kynttilänjalat asetettuina hopeisille jaloille, ja nyt sinun täytyy ikävoidä kuun luonnollista hohtoa? Minne sitten on sinun kunniasi mennyt? Oletko sinä se, jolla oli voidetta, suitsukkeen yrteistä tehtyä, ja nyt olet vastenmielisyyden tilassa? Minne sitten on sinun kunniasi mennyt? Oletko sinä se, joka nauroi vääryyden ja synnin tekijät pilkaksi ja nyt olet itse tullut kaikille naurun aiheeksi? Minne sitten on sinun kunniasi mennyt?

Ja kun Eliphaz oli kauan itkenyt ja valittanut toisten liittyessä häneen, niin että levottomuus oli hyvin suuri, minä sanoin heille: 'Olkaa hiljaa, ja minä näytän teille valtaistuimeni, ja sen kirkkauden kunnian, minun kunniani tulee olemaan iankaikkinen. Koko maailma tulee menehtymään ja sen kunnia katoamaan, ja kaikki ne, jotka pitävät siitä lujasti kiinni, jäävät alle, mutta minun valtaistuimeni on ylemmässä (tai korkeammassa) maailmassa ja sen kunnia ja loisto ovat Pelastajan oikealla puolella taivaissa. Minun valtaistuimeni on pyhien elämässä ja sen kunnia katoamattomassa maailmassa. Sillä joet kuivuvat ja niiden ylpeys tulee menemään alas syvyyden syvyyteen, mutta purot maastani, johon valtaistuimeni on pystytetty, eivät kuivu vaan säilyvät särkymättöminä voimassa. Kuninkaat menehtyvät ja hallitsijat katoavat, ja heidän kunniansa ja ylpeytensä on kuin varjo peilissä, mutta minun valtakuntani kestää aina ja iankaikkisesti, ja sen kunnia ja kauneus on Isäni sotavaunussa (Hesekiel 1).

Luku 8.

Kun puhuin heille näin, Eliphaz suuttui ja sanoi muille ystäville: 'Miksi olemme tulleet tänne sotajoukkojemme kanssa lohduttamaan häntä? Katso, hän nuhtelee meitä. Siksi palatkaamme maihimme. Tämä mies istuu tässä kurjuudessa matojen syömänä keskellä sietämätöntä mädäntymisen tilaa ja vielä hän puhuu sen pelastuksesta 'valtakunnat ja niiden hallitsijat menehtyvät, mutta minun valtakuntani, hän sanoo, kestää ikuisesti'. Sitten Eliphaz nousi suurella levottomuudella ja kääntyen pois heistä suuressa vihassa hän sanoi: 'Minä lähden täältä. Me tulimme lohduttamaan häntä, mutta hän julistaa meille sotaa armeijoidemme katsoessa.' Mutta sitten Baldad tarttui häntä kädestä ja sanoi: 'Ei näin saisi puhua murheelliselle miehelle, ja varsinkaan näin monella vitsauksella lyödylle. Katso, me hyvällä terveydellä emme uskaltaneet lähestyä häntä loukkaavan hajun tähden, paitsi käyttämällä runsaasti tuoksuvaa aromia. Mutta sinä Eliphaz olet unohtanut kaiken tämän. Minä puhun selvästi. Olkaamme jalomielisiä ja ottakaamme selvää mikä on syy. Eikö hän muistessaan menneet onnen päivänsä tule hulluksi mieleltään? Kuka ei hämmentyisi nähdessään itsensä näin onnettomana ja vitsauksissa? Mutta minä astun lähemmäs häntä, että löytäisin syyn, miksi hän on näin.' Ja Baldad nousi ja lähestyi minua sanoen: 'Oletko sinä Job?' ja hän sanoi: 'Onko sydämesi vielä hyvä?' Ja minä sanoin: 'En pitänyt lujasti kiinni maallisista asioista, sillä maa ja kaikki, jotka sitä asuttavat, on pysymätön. Mutta sydämeni on lujasti kiinni taivaassa, koska taivaassa ei ole murhetta.'

Sitten Baldad oli jälleen kanssani ja sanoi: 'Me tiedämme, että maa on pysymätön, sillä se muuttuu vuodenaikojen mukaan. Joskus se on rauhan tilassa, ja joskus sodan tilassa. Mutta taivaasta me kuulemme, että se on täydellisen pysyvä. Mutta oletko sinä todella rauhallisuuden tilassa? Anna minun siis kysyä ja puhua, ja kun sinä vastaat minulle ensimmäiseen sanaani, minulla on sinulle toinen kysymys kysyttävänä, ja jos jälleen vastaat hyvin aseteluilla sanoilla, se on todisteena siitä, että sydämesi ei ole ollut poissa tasapainosta.' Ja hän sanoi: 'Mihin asetat toivosi?' Ja minä sanoin: 'Elävään Jumalaan.' Ja hän sanoi minulle: 'Kuka riisti sinulta kaiken, mitä omistit? Ja kuka löi sinua näillä vitsauksilla?' Ja minä sanoin: 'Jumala' Ja hän sanoi: 'Jos yhä asetat toivosi Jumalaan, kuinka Hän voi tehdä sinulle väärän tuomion tuomalla yllesi nämä vitsaukset ja onnettomuudet ja ottamalla pois sinulta kaiken omaisuutesi? Ja koska Hän on ottanut nämä, on selvää, ettei Hän ole antanut sinulle mitään. Ei kai kuningas häpäise sotilastaan, joka on palvellut häntä hyvin henkivartijana?' Ja minä vastasin sanoen: 'Kuka ymmärtää Herran syvyyksiä ja Hänen viisauttaan niin, että voi syyttää Jumalaa epäoikeudenmukaisuudesta?' Ja Baldad sanoi: 'Vastaa minulle, oi Job, tähän. Jälleen minä sanon sinulle: jos olet rauhallisuuden tilassa, opeta minua, jos sinulla on viisaus: miksi me näemme auringon nousevan idästä ja laskevan länteen? Ja jälleen aamulla noustessaan me näemme sen nousevan idästä? Kerro minulle ajatuksesi tästä.' Silloin minä sanoin: 'Miksi selittäisin Jumalan mahtavia salaisuuksia? Ja täytyisikö suuni kompuroida paljastamalla asioita, jotka kuuluvat Herralle? Ei koskaan! Keitä me olemme, että utelisimme asioita, jotka liittyvät ylempään maailmaan, kun me olemme vain lihaa, ei, maata ja tuhkaa! Että tietäisit, että sydämeni on vakaa, kuule mitä kysyn sinulta: vatsan läpi tulee ruoka ja veden juot suun kautta, ja sitten se virtaa saman kurkun läpi ja kun nämä kaksi tulevat ulosteeksi, ne jälleen eroavat toisistaan, kuka aiheuttaa tämän erottelun?' Ja Baldad sanoi: 'Minä en tiedä.' Ja minä sanoin hänelle: 'Jos et ymmärrä ruumiin ulospääsyjä, kuinka voisit ymmärtää taivaallisia kiertoja?'

Sitten Sophar liittyi meihin ja sanoi: 'Me emme tiedustele omia asioitamme, vaan me haluamme tietää, oletko vakaassa tilassa, ja katso, me ymmärrämme, ettei sinun järkesi ole tärähtänyt. Mitä sinä toivot, että tekisimme puolestasi? Katso, me olemme tulleet tänne ja tuoneet kolmen kuninkaan lääkärit, ja jos toivot, he voivat parantaa sinut.' Mutta minä vastasin ja sanoin: 'Minun parannukseni ja palauttamiseni tulee Jumalalta, lääkäreiden luojalta.'

Luku 9.

Ja kun minä puhuin näin heille, katso, vaimoni Sitis tuli juosten, puke-
utuneena rätteihin, sen herran palveluksesta, joka työllisti häntä orjana,
vaikka häntä oli kielletty lähtemästä, etteivät kuninkaat nähdessään hänet
ottaisi häntä vankeuteen. Ja kun hän tuli, hän heittäytyi maahan heidän
jalkoihinsa itkien ja sanoen: 'Muistakaa, Eliphaz ja te muut ystävät, mitä
minä kerran olin teidän kanssanne, ja kuinka minä olen muuttunut, ja
kuinka olen nyt pukeutunut teitä tapaamaan.' Sitten kuninkaat murtuivat
suureen itkuun ja ollessaan kaksin verroin hämmentyneempiä, he pysyivät
vaiti. Mutta Eliphaz otti viittansa ja heitti sen hänelle, että hän voisi kääri-
ytyä siihen. Mutta hän kysyi häneltä sanoen: 'Minä pyydän suosiotanne,
herrani, että käskisitte sotilaidenne kaivaa talomme raunioita, jotka sortu-
ivat lastemme päälle, niin että heidän luunsa vietäisiin täydellisessä tilassa
hautoihin. Sillä onnettomuutemme tähden meillä ei ole voimaa ollenkaan,
ja näin me saisimme edes nähdä heidän luunsa. Sillä olenko minä kuin
eläin äidiksi, villipeto, että minun kymmenen lastani menehtyivät samana
päivänä enkä yhdellekään voi antaa kunnollista hautajaista?' Ja kuninkaat
antoivat käskyn, että taloni rauniot oli kaivettava. Mutta minä kielsin sen
sanoen: 'Älkää menkö murheeseen turhaan, sillä minun lapsiani ei löydy,
sillä he ovat luojansa ja Herransa hoidossa.'

Ja kuninkaat vastasivat ja sanoivat:'Kuka vielä kieltää, että hän on järjiltään
ja hourailee? Sillä kun me haluamme tuoda hänen lastensa luut takaisin,
hän kieltää meitä tekemästä niin, sanoen: heidät on otettu ja asetettu heidän
luojansa hoitoon, näytä siis meille totuus.' Mutta minä sanoin heille: 'Nos-
takaa minua, että voisin seisoa', ja he nostivat minua pitäen käsiäni molem-
milta puolilta. Ja minä seisoin suorassa ja lausuin ensin Jumalan ylistyksen
ja rukouksen jälkeen sanoin heille: 'Katsokaa omilla silmillänne itään', ja

he katsoivat ja näkivät minun lapseni kruunujen kanssa lähellä Kuninkaan, taivaan Hallitsijan, kunniaa.

Ja kun vaimoni Sitis näki tämän, hän heittäytyi maahan Jumalan eteen sanoen: 'Nyt minä tiedän, että muistoni säilyy Herran kanssa.' Ja kun hän oli sanonut tämän ja ilta oli tullut, hän meni takaisin kaupunkiin, takaisin herran luokse, jota hän palveli orjana, ja asettui makaamaan karjan kaukaloon ja kuoli siihen uupumuksesta. Ja kun hänen hirveä herransa etsi häntä eikä löytänyt, hän tuli laumojensa aitaukseen ja siellä hän näki hänet ojentautuneena kaukaloon kuolleena ja kaikki eläimet ympärillä itkivät häntä. Ja kaikki, jotka näkivät hänet, itkivät ja valittivat ja suru levisi läpi koko kaupungin. Ja ihmiset toivat hänet alas ja käärivät hänet kankaisiin ja hautasivat hänet sen talon vierelle, joka oli sortunut hänen lastensa päälle. Ja kaupungin köyhät valittivat suuresti hänen puolestaan ja sanoivat: 'Katsokaa tätä Sitistä, jonka kaltaista jaloutta ja kunniaa ei löydy yhdestäkään naisesta, valitettavasti hän ei ollut paremman haudan arvoinen!' Hänen surulaulunsa löytyy tallennettuna.

Luku 10.

Mutta Eliphaz ja ne, jotka olivat hänen kanssaan, olivat hämmästyneitä näistä asioista, ja he istuivat alas kanssani ja vastaten minulle he puhuivat ylpeitä sanoja minusta 27 päivää. He toistivat uudelleen ja uudelleen, että minä kärsin ansaitusti tehtyäni monia syntejä, ja että minulla ei ollut enää toivoa, mutta minä vastasin näille miehille itse takaisin innokkailla väitteillä. Ja he nousivat vihassa, valmiina lähtemään vihaisessa hengessä. Mutta Elihu pyysi heitä viipymään vielä pienen hetken, kunnes hän olisi osoittanut heille mitä se oli. 'Sillä,' hän sanoi, 'niin monta päivää kului, Jobin myöntyessä siihen, että hän on hyvä. Mutta minä en enää kestä sitä. Sillä alusta lähtien jatkoin hänen itkemistään, muistaen hänen aikaisemman onnellisuutensa. Mutta nyt hän puhuu ylpeästi ja sietämättömällä ylpeydellä hän sanoo, että hänen valtaistuimensa on taivaissa. Siksi, kuulkaa minua, ja minä kerron teille, mikä on hänen kohtalonsa aiheuttaja. Sitten saatanan hengen innoittamana Elihu puhui kovia sanoja, jotka on tallennettu Elihu sanoihin. Ja kun hän oli lopettanut, Jumala ilmestyi minulle myrskyssä ja pilvissä ja puhui, syyttäen Elihua ja näyttäen minulle, että se joka oli puhunut, ei ollut ihminen vaan villipeto.

Ja kun Jumala oli lopettanut minulle puhumisen, Herra puhui Eliphazille: 'Sinä ja sinun ystäväsi olette tehneet syntiä siinä, että ette ole puhuneet totuutta palvelijastani Jobista. Siksi nouskaa ja antakaa hänen tuoda syntiuhri teidän puolestanne, että teidän syntinne annettaisiin anteeksi, sillä jos häntä ei olisi, minä olisin tuhonnut teidät.' Ja niin he toivat minulle kaiken, mikä kuului uhriin, ja minä otin sen ja toin sen heidän puolestaan syntiuhriksi, ja Herra otti sen suosiolla vastaan ja antoi heille anteeksi heidän vääryytensä. Sitten kun Eliphaz, Baldad ja Sophar näkivät, että Jumala oli armollisesti antanut heille anteeksi palvelijansa Jobin kautta, mutta että Hän ei suonut anteeksiantoa Elihulle, silloin Eliphaz alkoi laulaa virttä, johon toiset vastasivat, heidän sotilaidensakin yhtyessä siihen, seisoessa alttarin vierellä.

Ja Eliphaz puhui näin: Pois on otettu synti ja vääryytemme on mennyt, mutta pahalla Elihulla ei tule olemaan muistoa elävien keskuudessa, hänen valonlähteensä on sammunut ja menettänyt valonsa. Hänen lamppunsa kunnia julistaa itsensä hänen puolestaan, sillä hän on pimeyden poika eikä valon. Pimeyden paikan ovenvartijat antavat hänelle kunniansa ja kauneutensa jaossa, hänen valtakuntansa on kadonnut, hänen valtaistuimensa on lahonnut, ja hänen suuruutensa kunnia on tuonelassa. Sillä hän on rakastanut käärmeen kauneutta ja lohikäärmeen panssaria, hänen myrkkynsä kuuluu kyykäärmeelle. Sillä hän ei omistanut itseään Herralle eikä pelännyt häntä, vaan hän vihasi niitä, jotka Hän oli valinnut. Niin Jumala unohti hänet ja pyhät hylkäsivät hänet, Hänen vihansa ja suuttumuksensa ovat hänelle hävitykseksi eikä hänellä ole armoa eikä rauhaa sydämessään koska hänellä oli kyykäärmeen myrkky kielessään. Vanhurskas on Herra ja Hänen tuomionsa oikeat, Hän ei pidä ihmisiä parempina, sillä Hän tuomitsee yhtäläisesti kaikki. Katso, Herra tulee! Katso, pyhät on valmistettu, kruunut ja voittopalkinnot kulkevat heidän edellään! Iloitkoon pyhät, ja riemuitkoon heidän sydämensä, sillä he tulevat saamaan kunnian, joka on varastossa heitä varten! Syntimme on annettu anteeksi, vääryytemme on puhdistettu, mutta Elihulla ei ole muistoa elävien keskuudessa.

Ja kun Eliphaz oli lopettanut virren, me nousimme ja menimme takaisin kaupunkiin, jokainen siihen taloon, jossa eli. Ja ihmiset järjestivät minulle juhlan Jumalan kiitollisuudessa ja ilossa, ja kaikki minun ystäväni tulivat takaisin luokseni. Ja kaikki ne, jotka olivat nähneet minut aiemmassa onnen tilassani, kysyivät minulta sanoen: 'Mitä ovat nuo kolme täällä meidän keskellämme?'

Luku 11.

Mutta kun minä halusin jälleen työskennellä köyhien hyväksi, minä pyysin heitä sanoen: 'Antakaa jokainen minulle lammas köyhien alastomuuden tilan vaatetukseksi, ja neljä kolikkoa hopeaa tai kultaa.' Sitten Herra siunasi kaikkea sitä, mitä minulle oli jäänyt, ja muutaman päivän kuluttua tulin jälleen rikkaaksi kaupankäynnissä, laumoissa ja kaikissa, mitä olin menettänyt, ja sain kaksin verroin takaisin. Silloin myös otin vaimokseni teidän äitinne ja tulin teidän kymmenen isäksi paikassa, johon kymmenen lastani oli kuollut.

Ja nyt lapseni, minä varoitan teitä: katso, minä kuolen, te otatte paikkani. Ainoastaan älkää hylätkö Herraa. Olkaa jaloja köyhiä kohtaan, älkää halveksiko heikkoja. Älkää ottako vaimoja itsellenne muukalaisista. katso, lapseni, minä jaan teidän kesken omaisuuteni, niin että jokaisella on valta omaansa ja voima tehdä hyvää osallaan.'» Ja kun hän oli puhunut näin, hän toi kaikki tavaransa ja jakoi ne seitsemän poikansa kesken, mutta ei antanut mitään tavaroista tyttärilleen.

Sitten he sanoivat isälleen: 'Herramme ja isämme! Emmekö myös me ole sinun lapsiasi? Miksi sitten et anna meille osaa omaisuudestasi?' Sitten Job sanoi tyttärilleen: 'Älkää olko vihaisia, tyttäreni. Minä en ole unohtanut teitä. Katso, minä olen säästänyt teille parempaa omaisuutta, kuin mitä veljenne ovat ottaneet.' Ja hän kutsui tyttärensä, jonka nimi oli Yemima, ja sanoi hänelle: 'Ota tämä kaksoissormus avaimeksi ja mene aarrevarastoon ja tuo minulle kultainen kori, että voin antaa teille omaisuutenne.' Ja hän meni ja toi sen hänelle, ja hän avasi sen ja otti kolmerivisiä vöitä, joiden ulkonäöstä ei kukaan ihminen voi puhua. Sillä ne eivät olleet maallista työtä, vaan taivaallisia valon kipinöitä välähteli niiden läpi kuin auringon säteet. Ja hän antoi yhden rivin jokaiselle tyttäristään ja sanoi: 'Pukekaa nämä yllenne, että ne ympäröisivät teitä kaikki elinpäivänne ja varustaisivat teidät kaikella hyvällä.'

Ja toinen tytär, jonka nimi oli Kassia, sanoi: 'Onko tämä se omaisuus, jonka sanoit olevan parempi kuin veljiemme? Mitä nyt? Voimmeko elää näillä?' Ja heidän isänsä sanoi heille: 'Ei ainoastaan täällä ole teille tarpeeksi elämiseen, vaan nämä vievät teidät parempaan maailmaan elämään, taivaisiin. Vai ettekö tiedä, lapseni, näiden arvoa täällä? Kuulkaa siis! Kun Herra oli nähnyt minut säälinsä arvoiseksi ja ottanut pois ruumiistani vitsaukset ja madot, Hän kutsui minua ja ojensi minulle nämä kolme vyötä. Ja Hän sanoi minulle: nouse ja vyötä lantiosi niin kuin mies, Minä vaadin sinua ja julistan sinut Minulle. Ja minä otin ne ja vyötin ne lantioilleni, ja heti madot jättivät ruumiini ja samoin tekivät vitsaukset, ja koko minun ruumiini sai uuden voiman Herran kautta, ja näin jatkoin, niin kuin en olisi koskaan kärsinytkään. Mutta myös sydämessäni unohdin tuskat. Sitten Herran puhui minulle suuressa voimassaan ja näytti minulle kaiken, mitä oli ja tulee olemaan. Nyt siis, lapseni, pitäessänne näitä teillä ei ole vihollisia suunnittelemassa teitä vastaan eikä pahoja aikomuksia mielessä, koska tämä on amuletti Herralta.. Nouskaa siis, ja vyöttäkää nämä ympärillenne ennen kuin minä kuolen, että näkisitte enkelien tulevan lähtiessäni, niin että voisitte katsoa ihmetellen Jumalan voimia.' Sitten nousi yksi, jonka nimi oli Yemima ja vyötti itsensä, ja heti hän jätti ruumiinsa, niin kuin hänen isänsä oli sanonut, ja hän puki ylleen toisen sydämen, niin kuin hän ei olisi koskaan välittänytkään maallisista asioista. Ja hän lauloi enkelien virsiä enkelien äänellä, ja hän lauloi enkelien ylistystä Jumalalle tanssiessaan.

Sitten toinen tytär, Kassia nimeltään, puki ylleen vyön, ja hänen sydämensä muuttui niin ettei hän enää toivonut maailman asioita. Ja hänen suunsa omaksui taivaallisten hallitsijoiden murteita ja hän lauloi virttä Korkean Paikan teosta ja jos kukaan haluaa tietää taivaiden teosta, hän voi tutkia Kassian virsiä.

Sitten toinen tytär, nimeltään Keren Happukh, vyötti itsensä ja hänen suunsa puhui niiden kielellä, jotka ovat korkealla, sillä hänen sydämensä muuttui ja se kohotettiin yli maailmallisten asioiden. Hän puhui kerubien murteella laulaen maailmankaikkeuden voimien Hallitsijan ylistystä ja ylistäen Hänen kunniaansa. Ja joka haluaa 'Isän Kunnian' jälkiä, löytää ne kirjoitettuna Keren Happukhin rukouksiin.

Luku 12.

Sen jälkeen, kun nämä kolme olivat lopettaneet virsien laulamisen, minä Nahor, Jobin veli, istuin alas hänen vierelleen kun hän asettui makuulle. Ja minä kuulin ihmeellisiä asioita veljeni kolmelta tyttäreltä, yhden aina onnistuen saamaan muut kammottavan hiljaisiksi. Ja minä kirjoitin tämän kirjan, sisältäen virret, paitsi Sanan virret ja merkit, sillä ne olivat suuria Jumalan asioita. Ja Job makasi sohvallaan sairaana, vielä ilman tuskaa ja kärsimystä, koska tuska ei saanut otetta hänestä sen vyön tähden, jonka hän oli käärinyt ympärilleen. Mutta kolmen päivän kuluttua Job näki pyhien enkelien tulevan hänen sielunsa tähden, ja heti hän nousi ja otti kitaran ja antoi sen tyttärelleen Yemimalle. Ja Kassialle hän antoi suitsutusastian ja Keren Happukhille hän antoi tamburiinin, että he voisivat siunata pyhiä enkeleitä, jotka tulivat noutamaan hänen sieluaan.ja he ottivat nämä ja lauloivat ja soittivat psalttaria ja ylistivät ja kunnioittivat Jumalaa pyhällä murteella (tai kielellä). Ja tämän jälkeen tuli Hän, joka istuu suurella vaunulla, ja suuteli Jobia hänen kolmen tyttärensä katsellessa, mutta muut eivät sitä nähneet. Ja Hän otti Jobin sielun ja Hän kohosi ylöspäin kuljettaen sielua kädessään ja kantaen sitä vaunujen yllä ja Hän meni itää kohti. Hänen ruumiinsa kuitenkin vietiin hautaan kolmen tyttären marssiessa edellä, vyötettyään itsensä völlään ja laulaen Jumalan ylistysvirsiä.

Sitten piti hänen veljensä Nahor ja hänen seitsemän poikaansa muiden ihmisten ja köyhien ja heikkojen ja orpojen kanssa suuren hänen suremisen sanoen: 'Voi meitä, sillä tänään meiltä on otettu heikkojen voima, sokeiden valo, orpojen isä. Muukalaisten vastaanottaja on otettu, harhautuvien johtaja, alastomien vaatettaja, leskien suoja. Kuka ei surisi Jumalan miestä! Ja kun he surivat tällä ja tuolla tavalla, he eivät halunneet laittaa häntä hautaan. Kuitenkin kolmen päivän kuluttua hänet lopulta laitettiin hautaan, kuin joku suloiseen uneen, ja hän sai hyvän nimen, joka jää tunnetuksi läpi kaikkien maailman sukupolvien. Hän jätti seitsemän poikaa ja kolme tytärtä, eikä maan päällä ollut tyttäriä niin kauniita kuin Jobin tyttäret. Jobin nimi oli aikaisemmin Jobab, ja Herra antoi hänelle nimen Job. Hän oli elänyt ennen vitsaustaan 85 vuotta, ja vitsauksen jälkeen hän sai kaksinkertaisen määrän kaikkea; tästä myös kaksinkertaistuivat hänen vuotensa, joka on 170 vuotta. Niin hän eli yhteensä 225 vuotta. Ja hän näki poikiensa poikia neljänteen sukupolveen saakka. On kirjoitettu, että hän tulee nousemaan niiden kanssa, jotka Herra herättää uudelleen. Herralle kunnia, amen.

PROFEETTOJEN ELÄMÄ

"Profeettojen nimet, mistä he ovat, ja kuinka he kuolivat ja miksi, ja missä he lepäävät" – *näillä sanoilla otsikoi Codex Marchalianus (500-luvulta, Vatikaanin kirjastossa) tämän ensimmäiseltä vuosisadalta peräisin olevan dokumentin sisällön. Suomennettu kunnioittaen sanatarkkaa tekstiä ja vanhempaa kirkkoraamattuamme, englanninkielisestä käännöksestä, kirjasta 'The Apocrypha and Pseudepigrapha of the Old Testament vol. II', (Oxford: Clarendon Press, 1913), tekijänä D.R.A.Hare käyttäen tuota Vatikaanin kirjaston kreikan kielistä tekstiä pääasiallisena tekstilähteenä. Osassa tekstiä käytin kreikan käännöstä, sillä englannin kielisessä kääntäjä ei ollut tiennyt kaikkien lauseiden merkityksiä, mutta sivuhuomautuksissa oli mainittu, että teksti on vaikeatajuista. Suomennettu 27.12.2010 - 1.1.2011*

1. Jesaja, Jerusalemista, kuoli Manassen toimesta kahtia sahaamalla, ja haudattiin Rogelin tammen alapuolelle, lähelle sitä paikkaa, jossa polku ylittää sen vesikanavan, jonka veden Hiskia katkaisi tukkimalla sen lähteen. Ja Jumala teki Siiloan ihmeen profeetalle, sillä ollessaan heikkona, ennen kuolemaansa, hän rukoili vettä juotavaksi, ja heti hänelle lähetettiin siitä, sen tähden sitä kutsutaan Siiloaksi, joka merkitsee lähetettyä. Ja Hiskian aikaan, ennen kuin hän teki vesisäiliöt ja altaat, vastaukseksi Jesajan rukoukseen, pieni vesilähde ilmestyi, sillä muukalaiset piirittivät kansakuntaa ja tämä tapahtui, ettei kaupunki menehtyisi veden puutteeseen. Sillä viholliset kyselivät: "Mitä he oikein juovat?" Ja kun he piirittivät kaupunkia, he olivat leiriytyneenä Siiloaan. Jos israelilaiset tulivat, siitä tuli vettä, mutta kun viholliset lähestyivät sitä, vettä ei tullut. Sen tähden siitä tulee vielä tänäkin päivänä vettä katkonaisesti, että tuota ihmettä muistettaisiin. Ja koska tämä tapahtui Jesajan kautta, sen muistoksi kansa myös hautasi hänet lähialueelle huolella ja suurella kunnialla, niin että hänen rukoustensa kautta, jopa hänen kuolemansa jälkeen, he voisivat nauttia tuosta vedestä, sillä heille oli annettu myös profeetallinen sana hänestä.

Hänen hautansa on lähellä kuningasten hautoja, kaupungin eteläosassa, pappien haudoista länteen. Sillä Salomo teki ne haudat, Daavidin suunnitelmien mukaan, Siionista itään, sinne, missä on Gabaon –portti, kahdenkymmenen stadian päähän kaupungista. Ja hän rakensi salaisia kierrekäytäviä, ja tähän päivään saakka ne ovat lähes kaikille tuntemattomia. Siellä kuningas säilytti Etiopian kultaa ja yrttejä. Ja koska Hiskia näytti pakanoille tuon Daavidin ja Salomon salaisuuden, ja saastutti isiensä luut, Jumala vannoi, että hänen jälkeläisensä tulisivat olemaan vihollistensa orjia, ja Jumala teki hänet hedelmättömäksi tuosta päivästä lähtien.

2. Jeremia oli Anatotista, ja hän kuoli Egyptin Taphnaissa kansansa kivittämänä. Hänet haudattiin faaraon palatsin alueelle, koska egyptiläiset pitivät häntä suuressa arvossa, sillä he olivat hyötyneet hänestä. Sillä hän rukoili, ja myrkkyyäärmeet jättivät heidät, ja vesihirviöt, joita egyptiläiset kutsuvat nimellä nephoth ja kreikkalaiset krokotiileiksi. Ja ne, jotka ovat Jumalalle uskollisia, rukoilevat tuossa paikassa tänäkin päivänä, ja sen paikan maan tomulla parannetaan käärmeen puremia. Ja me olemme kuulleet Antioguksen ja Ptolemaioksen lapsilta, vanhoilta miehiltä, että makedonialainen Aleksanteri, seisottuaan profeetan haudalla ja itse todistaneensa hänen ihmeitään, siirsi hänen jäännöksensä Aleksandriaan ja asetti ne asiaan kuuluvalla kunnioituksella piiriin ympäri kaupunkia, ja koko käärmelaji pysyi poissa kaupungista, ja samoin krokotiilit joesta. Ja samaan aikaan ilmaantuivat ne käärmeet, joita kutsutaan nimellä Argolai, joka merkitsee 'taistelijakäärmeitä', jotka hän toi Peloponnesoksen Argoksesta, sen tähden niitä myös kutsutaan nimellä Argolai, joka merkitsee "onnekkaat Argoksesta"; sillä kaikkea hyvää he kutsuvat sanalla "Laia".

Jeremia antoi Egyptin papeille merkin, että oli määrätty, että heidän jumalankuvansa järkkyvät ja sortuvat maahan, neitseestä syntyvän Vapahtajan kautta. Sen tähden tähän päivään saakka, he kunnioittavat syvästi (ajatusta) synnyttävästä neitsyestä, ja he asettavat lapsen kehtoon palvoen. Kun kuningas Ptolemaios tiedusteli tästä asiasta, he sanoivat: "Se on ikivanha salaisuus, jonka pyhä profeetta on antanut meidän isillemme, ja meidän tulee odottaa tämän salaisuuden täyttymystä, hän sanoi".

Ennen temppelin valloittamista, tämä profeetta otti mukaansa liiton arkin ja siihen kuuluvat esineet, ja antoi ne kallion nielaistavaksi. Ja niille, jotka seisoivat vierellä, hän sanoi: "Herra on poistunut Siionista taivaaseen ja tulee takaisin jälleen voimassaan. Ja tämä on oleva teille merkkinä Hänen tulemuksestaan, silloin kaikki pakanakansat palvovat puukappaleita." Ja hän sanoi: "Tätä arkkia ei tuo esiin kukaan muu kuin Aaron, eikä yksikään papeista tai profeetoista avaa sen lain tauluja, paitsi Mooses, Jumalan valitsema. Ja ylösnousemuksessa arkki nousee ensimmäisenä ja se tulee ulos kalliosta ja asetetaan Siinain vuorelle ja kaikki pyhät kokoontuvat sinne odottamaan Herraa ja pakoon vihollista, joka haluaa hävittää heidät." Hän asetti sormellaan tuohon kallioon sinetiksi Jumalan nimen, ja se näytti kuin raudalla tehty kaiverrus, ja pilvi peitti sen nimen, eikä kukaan tiedä sitä paikkaa eikä kykene lukemaan sitä nimeä siihen päivään ja täyttymykseen saakka. Ja tuo kallio on erämaassa, missä arkki oli ensimmäiseksikin, niiden kahden vuoren välillä, joilla Mooses ja Aaron lepäävät. Ja yöllä on oleva tulen kaltainen pilvi, aivan kuin muinaisina aikoina, sillä Herran kirkkaus ei milloinkaan katoa Hänen laistaan. Ja Jumala antoi tämän suosion Jeremialle, että hän saattaisi tämän salaisuuden täytetyksi, että hänestä tulisi Mooseksen työtoveri ja he ovat yhdessä tänäkin päivänä.

3. Hesekiel. Tämä mies oli Ariran maasta, pappien suvusta, ja hän kuoli kaldealaisten maassa, profetoituaan monia sanomia Juudeassa oleville. Israelin kansan hallitsija tappoi hänet siellä, kun hän nuhteli häntä epä-

73

jumalien palvomisesta. Ja he hautasivat hänet Naahorin kedolle, Seemin ja Arpaksadin hautaan, Aabrahamin esi-isien, ja se hauta on kaksoisluola, sillä myös Aabraham teki Saaran haudan, joka on Hebronissa, sellaiseksi. Sitä kutsutaan kaksoishaudaksi, koska siellä on mutkainen käytävä ja ylempi huone, joka on kätkössä alemmasta kerroksesta, ja se on kalliossa maan pinnan yläpuolella.

Tämä profeetta antoi kansalle ilmoituksen, että heidän tulisi katsoa Kebar-jokea: kun se kuivaa, heidän tulisi asettaa toivonsa siihen sirppiin, joka hävittää maan ääriin saakka, ja kun se tulvii, paluuseen kohti Jerusalemia. Sillä tuo Jumalan mies myös eli siellä ja monilla oli tapana kokoontua hänen seuraansa. Kerran, kun hänen kanssaan oli todella suuri väkijoukko, kaldealaiset pelkäsivät, että he alkavat kapinoida, ja nousivat heitä vastaan, tuhotakseen heidät. Ja hän laittoi veden pysähtymään niin, että he voisivat päästä pakoon toiselle puolelle. Ja vihollisista ne, jotka uskaltautuivat takaa-ajoon, hukkuivat.

Hän ravitsi heitä rukouksella ja runsailla kalasaaliilla, ja monille, jotka olivat lähellä kuolemaa, hän opetti, että elämä tulee Jumalalta.

Kun viholliset tuhosivat kansaa, hän meni heidän johtajiensa luokse, ja he lopettivat, ihmeteoista kauhistuneina. Hänellä oli tapana sanoa heille näin: "Olemmeko me aivan hävinneet? Onko toivomme menetetty?" Ja kuolleiden luiden ihmeen kautta hän sai heidät uskomaan, että Israelilla on toivoa sekä täällä, että tulevassa maailmassa.

Hänen oli siellä ollessaan tapana näyttää Israelin kansalle, mitä tapahtui Jerusalemissa ja temppelissä. Hänet nostettiin sieltä ylös, ja hän meni Jerusalemiin nuhtelemaan niitä, jotka olivat luopuneet uskosta. Mooseksen lailla tämäkin mies näki temppelin, sen muurin ja sen leveän ulomman muurin, aivan kuten myös Daniel näki sen rakennettavan. Hän julisti Babyloniassa tuomion Daanin ja Gaadin heimoille, sillä he herjasivat Herraa vainoamalla lain noudattajia. Ja heidän puolestaan hän teki tämän suuren ihmeteon, että käärmeet söivät heidän vastasyntyneitään ja kaikki heidän laumansa, ja hän profetoi, että heidän tähtensä kansa ei tulisi palaamaan maahansa, vaan olisi Meediassa heidän vääryytensä täyttymykseen saakka. Ja se, joka tappoi hänet, oli yksi heistä. Sillä he vastustivat häntä kaikki hänen elinpäivänsä.

4. Daniel. Tämä mies oli Juudan heimosta, suvusta, joka oli tunnettu kuninkaallisista palvelustehtävistä, mutta kun hän oli vielä lapsi, hänet vietiin Juudeasta kaldealaisten maahan. Hän syntyi ylemmässä Beet-Horonissa, ja hän oli niin säädyllinen mies, että juutalaiset luulivat hänen olevan eunukki.

Hän murehti suuresti kaupungin tähden, ja paastotessaan hän pidättäytyi kaikesta herkullisesat ruuasta, ja hän oli luiseva ulkomuodoltaan, mutta kaunis Korkeimman katseessa.

Hän rukoili paljon Nebukadnessarin puolesta, hänen poikansa Baltasarin pyynnöstä, kun hänestä tuli villieläimen ja metsän pedon kaltainen, ettei hän menehtyisi. Hänen partansa ja kasvonsa muistuttivat härkää, ja hänen nilkkansa leijonan nilkkaa. Tuolle Jumalan miehelle kirkastui tästä salaisuudesta se, että hän oli tullut metsän pedon kaltaiseksi, koska oli uppiniskainen ja mielistynyt mielihyvään, ja koska niistä, jotka kuuluvat sielun viholliselle, heistä tulee sellaisen härän kaltaisia, jotka ovat ikeen alla. Hirmuhallitsijat ovat nuoruudessaan tällaisia, ja lopulta heistä tulee hirviöitä, jotka ottavat kiinni, hävittävät, tappavat ja lyövät. Taivaallisen ilmestyksen kautta hän myös tiesi, että hän söi ruohoa, niin kuin härkä, ja siitä tuli ihmisen ruokaa. Tästä syystä myös Nebukadnessar, saatuaan ihmisen järkeä takaisin aterioinnin jälkeen, itki ja palvoi Herran edessä, rukoillen lakkaamatta päivät ja yöt. Behemothilla oli tapana vallata hänet, ja hän saattoi unohtaa olleensa ihminen. Hänen kielensä otettiin häneltä pois, niin ettei hän kyennyt puhumaan, ja havaittuaan tämän hän alkoi itkemään, hänen silmänsä olivat kuin raakaa lihaa itkemisestä. Sillä monet lähtivät kaupungista katsomaan häntä. Daniel ainoastaan ei halunnut nähdä häntä, koska hän oli rukouksessa hänen puolestaan koko sen muuttuneen olotilan ajan, ja hän sanoi: "Hänestä tulee vielä ihminen", eikä hänätä uskottu. Daniel sai nuo seitsemän vuotta, joita hän kutsui seitsemäksi vuodenajaksi, muuttumaan seitsemäksi kuukaudeksi, seitsemän vuodenajan salaisuus tuli hänen kohdallaan täytetyksi, sillä hän palautui ennalleen seitsemän kuukauden kuluttua. Kuusi vuotta ja kuusi kuukautta hän kumarsi Herraa ja tunnusti syntisyyttään, ja kun pahuus oli annettu hänelle anteeksi, valtakunta palautettiin hänelle. Hän ei syönyt leipää eikä lihaa, eikä juonut viiniä, syntiä tunnustaessaan, sillä Daniel oli säätänyt hänet lähestymään Herraa hedelmä- ja kasvissoseruokavaliolla. Nebukadnessar antoi hänelle nimen Baltasar, sillä hän tahtoi tehdä hänet perilliseksi lastensa kanssa. Mutta tuo Jumalan mies sanoi: "Olkoon se pois minusta, että hylkäisin isieni perinnön, ja kiintyisin ympärilaikkaamattomien perintöosiin." Ja muille Persian kuninkaille hän teki monia ihmetekoja, joita he eivät kirjoituttaneet muistiin. Siellä hän kuoli, ja hänet haudattiin suurella kunnialla kuninkaalliseen hautaluolaan.

Ja hän antoi merkin, liittyen niihin vuoriin, jotka ovat Babylonin yläpuolella: "Kun pohjoinen vuori savuaa, Babylonin loppu tulee, ja kun se on tulessa, kaiken maan loppu. Ja jos etelän vuoresta tulee vettä, kansa palaa omaan maahansa, ja jos siitä tulee verta, Beliarin teurastus tapahtuu yli kaiken maan." Ja tuo Jumalan mies nukkui pois rauhassa.

5. Hoosea. Tämä mies oli Ibleamista, Isaskarin heimosta, ja hänet haudattiin omaan maahansa rauhassa. Ja hän antoi sanan, että Herra tulisi maan päälle, jos se tammi, joka on Siiloassa, jakaantuisi itsestään, ja siitä tuli kaksitoista tammea.

6. Miika, mooresetilainen, oli Efraimin heimosta. Tehtyään monia asioita Ahabille, Jooram, hänen poikansa, tappoi hänet eräällä kalliolla, koska hän nuhteli häntä isiensä pahuuksista. Ja hänet haudattiin omaan maahansa, lähelle Anakimin hautausmaata.

7. Aamos oli Tekoasta. Ja kun Amasja oli kiduttanut häntä pahasti, viimein hänen poikansa tappoi hänet lyömällä häntä nuijalla temppelissä. Ja kun hän vielä hengitti, hän meni omaan maahansa, ja muutamien päivien kuluttua hän kuoli ja haudattiin sinne.

8. Jooel oli Ruubenin alueelta, Beet-Omooronin maaseudulta. Hän kuoli tauhassa ja hänet haudattiin sinne.

9. Obadja oli Sikemin alueelta, Beet-Akaramin maaseudulta. Tämä mies oli Elian opetuslapsia, ja kärsi paljon hänen tähtensä, ja pääsi pakoon säästäen henkensä. Hän oli kolmas päällikkö viidestäkymmenestä Elian säästämästä ja joiden kanssa hän meni Ahasjan luokse. Näiden tapausten jälkeen hän lähti kuninkaan palveluksesta ja profetoi. Ja hän kuoli, ja hänet haudattiin isiensä luokse.

10. Joona oli Kariatmoksen alueelta, läheltä kreikkalaista Azotuksen kaupunkia, joka on meren rannalla. Ja kun merihirviö oli heittänyt hänet pois, ja hän oli mennyt Niiniveen ja palannut, hän ei jäänyt kotiseudulleen, vaan ottaen äitinsä mukaan hän matkusti Sourin alueelle, maahan, jossa asui muukalaisia, sillä hän sanoi: "Näin minä lopetan pilkkapuheet itsestäni, sillä minä profetoin väärin tuota suurta Niiniven kaupunkia vastaan." Tuohon aikaan Elia nuhteli Ahabin huonetta, ja kun hän oli kutsunut nälänhädän maahan, hän pakeni. Ja hän meni, ja löysi leskivaimon, jolla oli poika, sillä hän ei saattanut jäädä ympärileikkaamattomien luokse; ja hän siunasi leskivaimoa. Ja kun hänen poikansa kuoli, Jumala herätti hänet uudelleen kuolleista Elian kautta, sillä hän halusi näyttää hänelle, ettei ole mahdollista päästä Jumalaa pakoon. Nälänhädän jälkeen hän nousi ja meni Juudean maahan. Ja kun hänen äitinsä kuoli matkan varrella, hän hautasi hänet lähelle Deboran tammea. Asusteltuaan Saraarin maassa hän kuoli, ja hänet haudattiin luolaan, joka oli Kenazin, josta tuli sekasorron aikaan yhden heimon tuomari. Ja hän antoi sanan liittyen Israeliin ja koko maahan, että kun he näkevät kiven itkevän säälivästi, loppu on lähellä. Ja kun he näkevät kaikkia pakanakansoja Jerusalemissa, koko kaupunki hajotetaan maan tasalle.

11. Naahum oli Elkesistä, joka on Isbegabarinin toisella puolella, Simeonin heimosta. Joonan jälkeen tämäkin mies antoi sanan Niinivelle, että sen tulisi tuhoamaan raikas vesi ja maanalainen tuli, niin kuin myös tapahtuikin. Sillä se järvi, joka ympäröi sitä, tulvi maanjäristyksen aikana, ja erämaasta saapunut tuli poltti kaupungin ylemmän osan. Hän kuoli rauhassa ja haudattiin omaan maahansa.

12. Habakuk oli Simeonin heimosta, Beet-Sakariaan maaseudulta. Ennen pakkosiirtolaisuutta hän näki näyn Jerusalemin valloituksesta, ja hän murehti suuresti. Ja kun Nebukadnessar saapui Jerusalemiin, hän pakeni Ostrakineen ja asui myöhemmin Ismaelin maassa. Kun kaldealaiset palasivat takaisin, ja se jäännös, joka oli Jerusalemissa, meni Egyptiin, hän oli omalla alueellaan ja palveli niitä, jotka tekivät töitä hänen pellollaan. Kun hän vei ruokaa, hän profetoi omalle perheväelleen: "Minä menen kaukaiseen maahan, ja palaan pian takaisin. Mutta jos viivyn, viekää ruoka niille, jotka korjaavat satoa." Ja kun hän oli mennyt Babyloniin ja antanut aterian Danielille, hän lähestyi sadon korjaajia, kun he olivat aterioimassa, eikä kertonut kenellekään, mitä oli tapahtunut, hän ymmärsi, että kansa tulisi pian palaamaan Babylonista. Ja hän kuoli kaksi vuotta ennen heidän paluutaan. Ja hänet haudattiin yksin omalle maalleen.

Hän antoi sanoman Juudeassa oleville, että he tulisivat näkemään temppelin kirkkauden. Ja temppelin lopusta hän antoi sanoman, että se tapahtuu lännestä tulevan kansakunnan kautta. Hän sanoi: "Tuohon aikaan temppelin esirippu revitään palasiksi, ja niiden kahden pylvään perustukset viedään pois, eikä kukaan tiedä, missä ne ovat, ja enkelit kantavat ne pois erämaahan, siine, minne todistuksen maja oli alussa pystytetty. Niiden kautta Herran tunnistetaan lopun aikana, sillä ne tulevat valaisemaan niitä, joita käärme ajaa takaa pimeydessä, niin kuin se on alusta asti tehnyt."

13. Sefanja oli Simeonin heimosta, Sarabatan maaseudulta. Hän profetoi kaupungista ja pakanakansojen lopusta ja väärintekijöiden häväistyksestä. Ja hän kuoli, ja haudattiin omaan maahansa.

14. Haggai, jota kutsutaan myös sanansaattajaksi, tuli Babylonista Jerusalemiin, todennäköisesti nuorukaisena, ja hän profetoi avoimesti kansan paluusta, ja oli osittain silminnäkijänä temppelin rakentamisessa. Ja kun hän kuoli, hänet haudattiin lähelle pappien hautoja, suurella kunnialla.

15. Sakarja tuli Kaldeasta, kun hän oli jo varttunut iäkkääksi, ja siellä hän profetoi monia asioita kansalle, ja antoi merkkejä todisteeksi.Tämä mies kertoi Joosadakille, että hän tulisi saamaan pojan, ja hänestä tulisi pappi Jerusalemiin. Hän myös lausui siunauksen Sealtielille hänen syntyessään, ja antoi hänelle nimen Serubbaabel. Ja Kyyroksesta hän antoi merkin hänen voitostaan, ja profetoi siitä suuresta palveluksesta, jonka hän tulisi tekemään Jerusalemin puolesta, ja hän siunasi häntä suuresti. Hänen profetiansa Jerusalemissa perustuivat hänen näkyihinsä pakanakansojen lopusta, Israelin lopusta, temppelin lopusta, profeettojen ja pappien laiskuudesta, ja hän kertoi kaksiosaisesta tuomiosta. Ja hän kuoli vanhalla iällä, ja kun hän nukkui pois, hänet haudattiin lähelle Haggaita.

16. Malakia. Tämä mies syntyi Soofassa kansan paluun jälkeen, ja kun hän vielä oli hyvin nuori, eli hän säädyllistä elämää. Sen tähden kansa kunnioitti häntä pyhänä ja nöyränä miehenä, ja kutsui häntä Malakiaksi, joka merkitsee enkeliä, sillä hän oli kaunis katsella. Lisäksi se, mitä hän itse profetoi, samana päivänä Jumalan enkeli ilmestyi ja toisti sen, niin kuin myös tapahtui sekasorron päivinä, niin kuin on kirjoitettu Seper Soptimiin, joka on Tuomarien Kirja. Ja kun hän oli vielä nuorukainen, hänet haudattiin isiensä tykö omalle maalleen.

17. Naatan, Daavidin profeetta, oli Gibeasta, ja hän myös opetti hänelle Herran lain. Ja hän näki, että Daavid tulisi tekemään rikkomuksen Batseban kanssa, ja kun hän kiirehti kertomaan hänelle, Beliar esti häntä, sillä tien varresta hän löysi kuolleen miehen, murhatun, alastomana, ja hän jäi sinne, ja tuona yönä hän tiesi, että Daavid oli tehnyt sen synnin. Ja hän palasi itkien, ja kun hän oli tapattanut hänen aviomiehensä, Herra lähetti hänet nuhtelemaan. Ja kun hän oli tullut hyvin vanhaksi, hän kuoli, ja haudattiin omalle maalleen.

18. Ahia oli Siiloasta, missä ilmestysmaja oli muinaisena aikana, Eelin kaupungista. Tämä mies näki Salomosta, että hän tulisi rikkomaan Herraa vastaan. Ja hän nuhteli Jerobeamia, sillä hän aikoi vaeltaa petollisesti Herran kanssa – hän näki härkien ikeen tallaavan kansaa ja rientävän pappeja vastaan. Hän myös kertoi Salomolle ennalta, että hänen vaimonsa tulisivat muuttamaan häntä ja kaikkia hänen jälkeläisiään. Ja hän kuoli, ja hänet haudattiin Siilon tammen lähelle.

19. Jooad oli Semaraimista. Tämä on se mies, jonka kimppuun leijona hyökkäsi ja hän kuoli, kun hän nuhteli Jerobeamia niistä vasikoista. Ja hänet haudattiin Beeteliin lähelle sitä väärää profeettaa, joka petti hänet.

20. Asarja oli Sybatan alueelta. Hän käänsi Juudasta pois sen pakkosiirtolaisuuden, joka lankesi Israelin osaksi. Ja hän kuoli, ja hänet haudattiin omalle maalleen.

21. Elia, tisbeläinen arabien maasta, Aaronin suvusta, eli Gileadissa, sillä Tisbe oli annettu papeille. Kun hänen oli aika syntyä, hänen isänsä Sobaka näki miesten, joilla oli hohtava valkea ulkomuoto, tervehtivän häntä ja käärivän hänet tuleen, ja he antoivat hänelle tulen liekkejä syötäväksi. Ja hän meni ja kertoi tämän Jerusalemissa, ja hänelle sanottiin: "älä pelkää, sillä hänen asumuksensa on valkeus ja hänen sanansa tuomio, ja hän tulee tuomitsemaan Israelia".

Ne merkit, joita hän teki, olivat nämä: Elia rukoili, eikä satanut kolmeen vuoteen, ja näiden kolmen vuoden jälkeen hän rukoili uudelleen, ja runsas sade saapui. Siidonin Sareftassa, Herran sanan kautta, hän laittoi sen lesken astian riittämään, eikä öljy vähentynyt. Hänen kuolleen poikansa Jumala herätti kuolleista rukouksen jälkeen. Kun hänelle ja Baalin profeetoille esitettiin kysymys, kuka on oikea ja todellinen Jumala, hän ehdotti, että molemmat uhraisivat alttarilla, eikä siihen laitettaisi tulta, vaan jokaisen tulisi rukoilla, ja se, joka vastaa, on Jumala. Baalin profeetat rukoilivat ja viiltelivät itseään yhdeksänteen hetkeen saakka, eikä kukaan vastannut heille, ja Elia, kun hän oli täyttänyt sen uhripaikan paljolla vedellä, rukoili myös, ja heti tuli tuli alas, ja kulutti uhrin, ja myös vesi oli poissa. Ja kaikki siunasivat Jumalaa ja tappoivat ne neljäsataa viisikymmentä Baalin profeettaa. Kun kuningas Ahasja kysyi sanaa epäjumalilta, Elia profetoi kuolemaa, ja hän kuoli. Kun Ahasja, Israelin kuningas, lähetti hänen luokseen kaksi viidenkymmenen päällikköä, hän pyysi Herraa, ja tuli taivaasta kulutti heidät, Herran käskystä. Korppikotkat toivat hänelle leipää aamulla ja lihaa iltapäivällä. Lampaan nahalla hän löi Jordania, ja se jakaantui, ja he kulkivat yli kuivin jaloin, sekä hän, että Elisa. Lopulta hänet otettiin ylös tulisilla vaunuilla.

22. Elisa oli Abel Melohasta, Ruubenin maasta. Tälle miehelle tapahtui

ihmeteko, sillä kun hän syntyi Gilgalissa, kultainen vasikka mylvi niin äänekkäästi, että se kuultiin Jerusalemissa, ja pappi julisti Uurimin kautta, että Israelille on syntynyt profeetta, joka tulisi hävittämään heidän veistetyt kuvansa ja kuvapatsaansa. Ja kun hän kuoli, hänet haudattiin Samariaan.

Ne merkit, joita hän teki, ovat nämä: Myös hän löi Jordania Elian lampaan nahalla, ja vesi jakaantui, ja myös hän käveli yli kuivin jaloin.Jerikon vesi oli huonoa ja teki hedelmättömäksi, ja kuultuaan kaupungin asukkaita, hän pyysi Jumalaa ja hän sanoi: "Minä parannan tämän veden, eikä enää kuolema lähde siitä", ja se vesi on säilynyt parantuneena tähän päivään saakka. Kun nuorukaiset kohtelivat häntä halveksien, hän kirosi heidät, ja kaksi karhua tuli ja repi kappaleiksi neljäkymmentä kaksi. Velkojat ahdistivat erään kuolleen profeetan leskivaimoa, eikä hän kyennyt maksamaan, ja hän tuli Elisan tykö, ja hän käski häntä keräämään uusia astioita, niin paljon kuin pystyi, ja kaatamaan niihin öljyä, kunnes astiat olivat täynnä, ja hän teki tämän ja täytti astiat ja maksoi velkojilleen, ja jäännös jäi vielä hänen lapsilleenkin. Hän meni Suunemiin, ja viipyi siellä erään naisen luona, tämä ei voinut saada lasta, mutta todella halusi saada, hän rukoili ja sai hänet hedelmälliseksi ja synnyttämään. Sitten kun tuo lapsi kuoli, hän rukoili jälleen, ja herätti hänet kuolleista.Hän meni Gilgaliin ja vietiin profeetanoppilaiden eteen, ja kun ruokaa keitettii n, tappava yrtti kiehui ruuan kanssa, ja he kaikki olivat vaaran partaalla, hän teki tuon ruuan harmittomaksi ja hyvän makuiseksi. Kun profeetanoppilaat kaatoivat puita Jordanin varrella, kirveen terä lensi irti ja uposi, ja Elisa sai rukouksella kiveen terän kellumaan. Hänen kauttaan syyrialainen Naeman parani pitalistaan. Kun hänen palvelijansa, nimeltään Geehasi, meni salaa Naemanin luokse, vastoin hänen toiveitaan, ja pyysi hopeaa ja myöhemmin palattuaan kielsi sen, Elisa nuhteli ja kirosi hänet, ja hänestä tuli pitalitautinen. Kun Syyrian kuningas soti Israelia vastaan, hän suojeli Israelin kuningasta kertomalla hänelle vihollisen suunnitelmat. Kun Syyrian kuningas sai tämän selville, hän lähetti joukkoja ottamaan kiinni tuon profeetan, mutta hän rukoili ja heitä lyötiin sokeudella, ja hän johdatti heidät samariaan vihollistensa käsiin, mutta hän varjeli heidät vahingoittumattomana ja antoi heille syötävää. Kun Syyrian kuningas sai tämän selville, hän lopetti sotimisen. Elisan kuoleman jälkeen eräs mies kuoli, ja kun häntä haudattiin, hän osui Elisan luihin ja heti, kun hän kosketti niitä, tuo kuollut mies heräsi eloon.

23. Sakarja oli Jerusalemista, pappi Joojadan poika, ja Juudan kuningas Jooas tappoi hänet alttarin vierellä ja Daavidin huone vuodatti hänen verensä temppelin esipihalle, ja papit ottivat hänet ja hautasivat hänet hänen isänsä viereen. Tuosta hetkestä alkaen temppelissä oli näkyviä merkkejä, papit eivät enää nähneet näkyä Jumalan enkeleistä eivätkä saaneet sanaa temppelin esiripun tai eefodin kautta, eivätkä kyenneet vastaamaan kansalle uurimin kautta niin kuin ennen.

24. On myös muitakin profeettoja, joiden nimiä ei tässä mainita, heidän nimensä ovat Israelin nimien sukuluetteloissa; sillä koko Israel on kirjattu nimeltä.

JESAJAN
TAIVAASEENASTUMINEN

Tämä kirjoitus on suomennettu englanninkielisestä tekstistä 'The Ascension of Isaiah'. Tekstin alku on suunnilleen sama kuin 'Martyrdom of Isaiah' (Apocr.& Pseudep. of OT vol 2, Clarendon Press 1913) mutta luvusta 6 alkaa Eenokin kirjoja muistuttava osuus, joka päättyy Jeesuksen maanpäälliseen elämään. Itse asiassa koko kirja on sama kuin 'Martyrdom', johon on lisätty kristilliset osat. Toisaalta taas juutalaisille tyypillisempi tapa olisi se, että tämä on alkuperäinen teksti, josta kun on karsittu Jeesus-viittaukset pois, saadaan tuo 'Martyrdom of Isaiah'. Teksti on olemassa etiopian kielellä, josta tämä on käännetty englanniksikin. Teksti tunnetaan jo suunnilleen 10-40 AD, "Martyrdom"-osuus on huomattavasti vanhempi; Paavalinkin oletetaan viittaavan tähän "heitä on...rikki sahattu..." (Hebr.11:37). Englanninkielinen käännös oli täynnä kirjoitusvirheitä (luultavasti skannaus/OCR-vaiheesta johtuen).

Luku 1.

Ja tapahtui Juudan kuningas Hiskian 26. hallitusvuotena, että hän kutsui luokseen poikansa Manassen. Hän oli hänen ainoa poikansa. Ja hän kutsui hänet profeetta Jesajan, Aamoksen pojan, paikalla ollessa ja Josabin, Jesajan pojan paikalla ollessa, tarkoituksena johdattaa hänelle vanhurskauden sanat, jotka kuningas itse oli nähnyt, ja ikuisista helvetin tuomioista ja kidutuksista ja tämän maailman ruhtinaasta ja hänen enkeleistään ja hänen valloistaan ja voimistaan. Ja Valitun (kirjaimellisesti 'rakastetun' mutta tässä tarkoitetaan Jeesusta) uskon sanat, jotka hän itse oli nähnyt hallituksensa 15. vuotena, sairautensa aikana. Ja hän kertoi hänelle kirjoitetut sanat, jotka kirjuri Samnas oli kirjoittanut, ja myös ne, jotka Aamoksen poika Jesaja oli antanut hänelle ja myös profeetoille, että he voivat kirjoittaa ja tallentaa hänen kanssaan, mitä hän itse oli nähnyt kuninkaan talossa koskien enkelien tuomiota ja tämän maailman tuhoa ja koskien pyhien vaatteita ja heidän lähtöään ja koskien heidän muuttumistaan ja Valitun vainoa ja taivaaseen nousemista.

Hiskian hallituksen 20. vuotena Jesaja oli nähnyt tämän profetian sanat ja oli kertonut ne pojalleen Josabille. Ja kun hän antoi käskyjä, Jesajan poika Josab seisoi vierellä. Jesaja sanoi kuningas Hiskialle, mutta ei Manassen läsnäollessa, hän sanoi hänelle: 'Niin kuin Herra elää, ja henki, joka minussa puhuu, elää, kaikki nämä käskyt ja nämä sanat eivät tee mitään vaikutusta poikaasi Manasseen, ja hänen käsiensä vaikutuksesta minä kuolen, ruumiini kidutuksen kautta. Ja Sammael Malchira palvelee Manassea ja täyttää kaikki hänen tarpeensa ja hänestä tulee ennemmin Beliarin seuraaja kuin minun. Ja monet Jerusalemissa ja Juudeassa hän saa hylkäämään todellisen uskon, ja Beliar elää Manassessa ja hänen käsiensä kautta minut tullaan sahaamaan kahtia.'

Ja kun Hiskia kuuli nämä sanat, hän itki hyvin katkerasti, ja repi vaatteensa ja laittoi multaa päänsä päälle ja kaatui kasvoilleen. Ja Jesaja sanoi hänelle: 'Sammaelin liitto Manassea vastaan on valmistettu, mikään ei auta sinua.' Ja tuona päivänä Hiskia päätti sydämessään tappaa poikansa Manassen. Ja Jesaja sanoi Hiskialle: 'Valittu ei ole vaikuttanut suunnitelmaasi, ja sydämesi tarkoitus ei täyty, sillä tällä kutsumuksella minut on kutsuttu ja minä perin Valitun perintöosan.'

Luku 2.

Ja tuon jälkeen tapahtui, että Hiskia kuoli ja Manassesta tuli kuningas, eikä hän muistanut isänsä Hiskian käskyjä, vaan unohti ne, ja Sammael eli Manassessa ja piti hänestä lujasti kiinni. Ja Manasse hylkäsi isänsä Jumalan palvelemisen, ja hän palveli saatanaa ja hänen enkeleitään ja hänen voimiaan. Ja hän käänsi isänsä talon, joka oli aikaisemmin ollut Hiskian kasvojen edessä, pois viisauden sanoista ja Jumalan palvelemisesta. Ja Manasse käänsi sydämensä palvelemaan Beliaria, sillä laittomuuden enkeli, joka on tämän maailman hallitsija, on Beliar, jonka nimi on Mantanbuchus. Ja hän iloitsi Jerusalemissa Manassen tähden, ja hän teki hänet vahvaksi uskosta luopumisessa ja laittomuudessa, jotka levisivät ympäristöön Jerusalemista. Ja noituus ja taikuus lisääntyivät ja ennustelu ja merkkien selittely ja haureus ja aviorikokset ja vanhurskaiden vainoamiset Manassen ja Belchiran ja kanaanilaisen Tobian ja anatotilaisen Johanneksen ja niiden tekojen johtajan Saadokin kautta. Ja loput näistä teoista, katso, ne on kirjoitettu Juudan ja Israelin kuningasten kirjaan.

Ja kun Jesaja, Aamoksen poika, näki laittomuuden, jota harjoitettiin Jerusalemissa ja saatanan palvonnan ja hänen moraalittomuutensa, hän vetäytyi Jerusalemista ja asettui Juudan Beetlehemiin. Ja myös siellä oli paljon laittomuutta ja vetäytyen Beetlehemistä hän asettui vuorelle erämaahan. Ja profeetta Miika ja iäkäs Ananias ja Joel ja Habakuk, ja hänen poikansa Josab, ja monet uskovista, jotka uskoivat taivaaseen nousemiseen, vetäytyivät ja asettuivat vuorelle. He olivat kaikki puettuja karvavaatteilla ja he olivat kaikki profeettoja. Eikä heillä ollut mitään mukanaan, vaan he olivat alasti (tarkoittaa 'puutteessa'?), ja he kaikki valittivat suurella valituksella Israelin harhaan kulkemisen tähden. Ja nämä eivät syöneet mitään, paitsi villejä yrttejä, joita he poimivat vuorilla ja keitettyään ne, he siten elivät yhdessä profeetta Jesajan kanssa. Ja heiltä kului kaksi vuotta, päivät vuorilla ja kukkuloilla.

Ja tämän jälkeen, kun he olivat erämaassa, oli eräs mies Samariassa, nimeltään Belchira, Sidkian perheestä, Chenaanin poika, väärä profeetta, joka asui Beetlehemissä. Nyt Hiskia, Chananin poika, joka oli hänen isänsä veli ja Israelin kuninkaan Ahabin päivinä oli ollut 400:n Baalin profeetan opettaja, oli itse lyönyt ja pilkannut profeetta Miikaa, Amadan poikaa. Ja häntä, Miikaa, oli Ahab pilkannut ja heittänyt vankilaan. Ja hän oli profeetta Sidkian kanssa, he olivat Ahabin pojan Ahasjan kanssa, Samarian kuninkaan. Ja Gileadin Tebonin profeetta Elia nuhteli Ahasjaa ja Samariaa ja profetoi Ahasjalle, että hän kuolisi vuoteelleen sairauteen, ja että Samaria johdatettaisiin Leba Nasrin käsiin, koska hän oli tappanut Jumalan profeetat. Ja kun väärät profeetat, jotka olivat Ahabin pojan Ahasjan ja heidän opettajansa Joelin vuoren, Sidkian veljen, Jalerjasin kanssa, olivat kuulleet tämän, he painostivat Aguaronin kuningasta Ahasjaa ja tappoivat Miikan.

Luku 3.

Ja Belchira huomasi ja näki Jesajan paikan, ja profeetat, jotka olivat hänen kanssaan, sillä hän oli Beetlehemin alueella, ja oli Manassen kannattaja. Ja hän profetoi väärin Jerusalemissa, ja monet Jerusalemiin kuuluvat olivat hänen liittolaisiaan, ja hän oli samarialainen. Ja tapahtui, kun Alagar Zagar, Assyrian kuningas, oli tullut ja vienyt vankeuteen ja johdattanut heidät pois Medesin vuorille ja Tazonin joille, että nuori Belchira oli paennut ja tullut Jerusalemiin Juudan kuningas Hiskian päivinä, mutta hän ei kulkenut samarialaisen isänsä teillä, sillä hän pelkäsi Hiskiaa. Ja hänet löydettiin Hiskian päivinä puhumasta laittomuuden sanoja Jerusalemissa. Ja Hiskian palvelijat syyttivät häntä ja hän pakeni Beetlehemin alueelle. Ja he ...(lauseen loppu puuttuu)

Ja Belchira syytti Jesajaa ja profeettoja, jotka olivat hänen kanssaan sanoen: 'Jesaja ja ne, jotka ovat hänen kanssaan, profetoivat Jerusalemia vastaan ja Juudan kaupunkeja vastaan, että ne tehdään autioiksi ja myös Juudan ja Benjaminin lapsia vastaan, että he menevät vankeuteen, ja myös sinua vastaan, oi herra kuningas, että sinä menet koukuissa ja rautakahleissa. Mutta he profetoivat väärin Israelia ja Juudaa vastaan. Ja Jesaja itse on sanonut: "Minä näen enemmän kuin profeetta Mooses", mutta Mooses sanoi "Ei kukaan voi nähdä Jumalaa ja elää" ja Jesaja on sanonut "Minä olen nähnyt Jumalan ja katso, minä elän." Tiedä siis, oi kuningas, että hän valehtelee. Ja Jerusalemia hän on myös kutsunut Sodomaksi ja Juudan ja Jerusalemin ruhtinaiden hän on julistanut olevan Gomorran kansa.' Ja hän toi monia syytöksiä Jesajaa ja profeettoja vastaan Manassen eteen.

Mutta Beliar oli Manassen sydämessä ja Juudan ja Benjaminin ruhtinaiden ja eunukkien ja kuninkaan neuvonantajien sydämessä. Ja Belchiran sanat miellyttivät häntä, ja hän lähetti ja otti kiinni Jesajan. Sillä Beliar oli suuressa vihassa Jesajaa vastaan näyn tähden, ja sen paljastuksen tähden, jolla hän oli paljastanut Sammaelin, ja koska hänen kauttaan Valitun lähtö seitsemännestä taivaasta oli tehty tunnetuksi, ja Hänen muuttumisensa ja laskeutumisensa ja ihmisen kaltaisuus, johon Hänet muutetaan, ja sen vainon, jolla Häntä tullaan vainoamaan, ja kidutukset, joilla Israelin lapset kiduttavat Häntä, ja Hänen kahdentoista opetuslapsensa tulemisen ja opettamisen, ja että ennen sapattia Hänet naulataan puuhun, ja naulataan yhdessä pahojen miesten kanssa, ja että Hänet haudataan hautaan. Ja ne kaksitoista, jotka olivat Hänen kanssaan, loukkaantuvat Hänen tähtensä, ja haudanvartijoiden vartioinnin, ja sen seurakunnan enkelin laskeutumisen, joka on taivaissa, jota Hän kutsuu viimeisinä päivinä. Ja että Gabriel, Pyhän Hengen enkeli, ja Mikael, pyhien enkelien johtaja, kolmantena päivänä avaavat haudan. Ja Valittu istuen heidän olkapäillään lähtee ja lähettää kaksitoista opetuslastaan. Ja he opettavat kaikille kansoille ja kielille Valitun ylösnousemuksesta, ja ne, jotka uskovat Hänen ristiinsä, pelastuvat, ja Hänen nousemiseensa seitsemänteen taivaaseen, josta Hän tuli. Ja että monet, jotka uskovat Häneen, puhuvat Pyhän Hengen kautta. Ja noina päivinä tehdään monia merkkejä ja ihmeitä.

Ja myöhemmin, Hänen tulemisensa aattona, Hänen opetuslapsensa hylkäävät niiden kahdentoista opetuslapsen opetukset ja heidän uskonsa ja heidän rakkautensa ja heidän puhtautensa. Ja tulee olemaan paljon kiistelyä Hänen tulemisensa odotuksesta. Ja niinä päivinä monet rakastavat virkoja, vaikka ovat viisautta vailla. Ja tulee olemaan monia laittomia vanhimpia ja paimenet tekevät väärin omille lampailleen (tai 'omat lampaat tekevät vääryyttä paimenelleen'), ja he tuhoavat ne, koska heillä ei ole pyhiä paimenia. Ja monet vaihtavat pyhien vaatteiden kunnian petollisten vaatteisiin, ja niinä päivinä on paljon ihmisten kunnioitusta ja tämän maailman kunnian rakastajia. Ja paljon puhutaan pahaa ja itserakkautta Herran tullessa, ja Pyhä Henki vetäytyy pois monista. Ja niinä päivinä ei ole montaa profeettaa, eikä niitä, jotka puhuvat luotettavia sanoja, paitsi yksi siellä ja täällä eri paikoissa, vääryyden hengen tähden ja haureuden ja itserakkauden ja petollisuuden, jotka ovat heissä, joita kutsutaan tuon Yhden palvelijoiksi, ja noissa, jotka ottavat vastaan tuon Yhden. Ja tulee olemaan suurta vihaa paimenilla ja vanhimmilla toisiaan kohtaan. Sillä viimeisinä päivinä on suurta kateutta, sillä jokainen sanoo sitä, mikä on miellyttävää hänen omissa silmissään.

Luku 4.

'Ja nyt Hiskia ja poikani Josab, nämä ovat maailman viimeistelyn päivät. Kun se on täytetty, suuri hallitsija Beliar, tämän maailman kuningas, laskeutuu, joka on hallinnut sitä sen olemassaolon alusta lähtien. Hän laskeutuu perustuksestaan ihmisen kaltaisuudessa, laittomana kuninkaana, äitinsä tappajana. Tämä kuningas vainoaa kasvia, jonka Valitun kaksitoista apostolia ovat istuttaneet. Kahdestatoista johdatetaan yksi hänen käsiinsä. Tämä hallitsija tulee tuon kuninkaan muodossa, ja hänen kanssaan tulevat kaikki tämän maailman voimat ja he kuuntelevat häntä kaikessa, mitä hän haluaa. Ja hänen sanallaan aurinko nousee yöllä ja hän laittaa kuun ilmestymään kuudennella tunnilla. Ja kaiken, mitä hän on himoinnut, hän tekee maailmassa. Hän tekee ja puhuu kuin Valittu ja hän sanoo "Minä olen jumala, ja ennen minua ei ole ollut ketään". Ja kaikki kansat maailmassa uskovat häneen. Ja he uhraavat hänelle ja palvelevat häntä sanoen "Tämä on jumala, ja hänen rinnallaan ei ole toista". Ja suuren lukumäärän niitä, jotka kokoontuvat yhteen ottaakseen vastaan Valitun, hän käännyttää mukaansa. Ja hänen ihmeidensä voimaa tulee olemaan joka kaupungissa ja maakunnassa. Ja hän asettaa kuvansa Hänen eteensä jokaiseen kaupunkiin. Ja hän hallitsee kolme vuotta ja seitsemän kuukautta ja 27 päivää.

Ja monet uskovaiset ja pyhät, nähtyään Hänet, johon he asettivat toivonsa, joka naulattiin puuhun, Herran Jeesuksen Kristuksen, ja ne, jotka uskoivat Häneen, näistä jää jäljelle noina päivinä harvoja Hänen palvelijoikseen, kun he pakenevat erämaasta erämaahan odottaen Valitun tuloa. Tuon jälkeen minä, Jesaja, olin nähnyt Hänet, joka naulattiin puuhun ja nousi taivaaseen. Ja 312 päivän jälkeen Herra tulee enkeliensä kanssa ja pyhien armeijoiden kanssa seitsemännestä taivaasta, seitsemännen taivaan kunnian kanssa, ja Hän vetää Beliarin Gehennaan ja myös hänen armeijansa. Ja Hän antaa levon jumalallisille, jotka Hän löytää ruumiissa tästä maailmasta, ja kaikille, jotka uskonsa tähden ovat inhonneet Beliaria ja hänen kuninkaitaan. Mutta pyhät tulevat Herran kanssa vaatteineen, jotka nyt on varastoitu korkeuteen seitsemännessä taivaassa. Herran kanssa he tulevat, joiden henget on vaatetettu, he laskeutuvat ja ovat maailmassa, ja Hän vahvistaa niitä, jotka ovat löytyneet ruumiissa, yhdessä pyhien kanssa, pyhien vaatteissa, ja Herra huolehtii niistä, jotka ovat pysyneet hereillä tässä maailmassa. Ja myöhemmin he kääntävät itsensä ylöspäin vaatteissaan ja heidän ruumiinsa jää maailmaan.

Sitten Valitun ääni nuhtelee vihalla taivasta ja maata ja vuoria ja kukkuloita ja kaupunkeja ja erämaita ja metsiä, ja auringon ja kuun enkeleitä, ja kaikkea, missä Beliar on julistanut itseään, ja toiminut avoimesti tässä maailmassa, ja tulee olemaan ylösnousemus ja tuomio heidän keskellään niinä päivinä, ja Valitusta lähtee tuli ja se kuluttaa kaikki jumalattomat, ja ne ovat kuin niitä ei olisi luotu. Ja loput näyn sanoista on kirjoitettu Babylonin Näyssä. Ja loput näystä liittyen Herraan, katso, se on kirjoitettu kolmena vertauksena minun sanojeni mukaan, jotka on kirjoitettu kirjaan, jonka minä julkisesti profetoin. Ja Valitun laskeutuminen tuonelaan, katso, se on kirjoitettu lukuun, jossa Herra sanoo "Katso, minun Poikani ymmärtää". Ja kaikki nämä asiat, katso, ne on kirjoitettu Davidin, Iisain pojan, vertauksiin ja hänen poikansa Salomon sananlaskuihin ja Korahin sanoihin ja israelilaisen Eetanin ja Aasafin sanoihin ja myös muihin psalmeihin, jotka Hengen enkeli on sanellut, noihin joissa ei ole nimeä kirjoitettuna. Ja myös isäni Aamoksen sanoihin ja profeetta Hosean ja Miikan ja Joelin ja Nahumin ja Joonan ja Obadian ja Habakukin ja Haggain ja Joosefin sanoihin ja Danielin sanoihin?'

Luku 5.

Siksi, näiden näkyjen tähden, Beliar oli vihainen Jesajalle, ja hän oli Manassen sydämessä, ja hän sahasi hänet kahtia puisella sahalla. Ja kun Jesajaa sahattiin kahtia, Belchira nousi ylös syyttäen häntä, ja kaikki väärät profeetat seisoivat nauraen ja iloiten Jesajan tähden. Ja Mechembechusin avulla Belchira nousi Jesajan eteen pilkaten. Ja Belchira sanoi Jesajalle: "Sano: minä olen valehdellut kaikessa, mitä olen puhunut, ja Manassen tiet ovat hyvät ja oikeat. Ja myös Belchiran ja hänen liittolaistensa tiet ovat hyvät." Ja tämän hän sanoi hänelle, kun häntä alettiin sahaamaan kahtia. Mutta Jesaja oli Herran näyssä, ja vaikka hänen silmänsä olivat avoinna, hän ei nähnyt heitä. Ja Belchira puhui näin Jesajalle: "Sano se, mitä sanoin sinulle ja käännän heidän sydämensä, ja pakotan Manassen ja Juudan ruhtinaat ja kansan ja kaiken Jerusalemin kunnioittamaan sinua." Ja Jesaja vastasi ja sanoi: "Kun vielä kykenen, minä sanon: Kirottu ja syytetty olet sinä ja kaikki voimasi ja koko talosi! Sillä sinä et voi ottaa etkä pelastaa ruumiini ihoa."

Ja he pitelivät kiinni ja sahasivat kahtia Jesajan, Aamoksen pojan, puisella sahalla. Ja Manasse ja Belchira ja väärät profeetat ja ruhtinaat ja kaikki kansa seisoi katselemassa. Ja profeetoille, jotka olivat hänen kanssaan, hän sanoi ennen kuin hänet sahattiin kahtia: "Menkää Tyyron ja Siidonin maahan, sillä minulle ainoastaan Jumala on sekoittanut maljan." Ja kun Jesajaa sahattiin kahtia, hän ei huutanut ääneen eikä itkenyt, vaan hänen huulensa puhuivat Pyhän Hengen kanssa, kunnes hänet oli sahattu kahtia. Tämän Beliar teki Jesajalle Belchiran ja Manassen kautta, sillä Sammael oli hyvin vihainen Jesajalle Juudan kuningas Hiskian päivistä lähtien, niiden asioiden tähden, jotka hän oli nähnyt liittyen Valittuun. Ja Sammaelin tuhon tähden, jonka hän oli nähnyt Herran kautta, kun hänen isänsä Hiskia vielä oli kuningas. Ja hän teki saatanan tahdon mukaan.

Luku 6.

Näky, jonka Aamoksen poika Jesaja näki:
Juudan kuningas Hiskian 20. hallitusvuotena tuli Aamoksen poika Jesaja ja Jesajan poika Josab Hiskian luokse Jerusalemiin Galgalasta. Ja hän istui kuninkaan sohvalle ja hänelle tuotiin istuin mutta hän ei istunut siihen. Ja kun Jesaja alkoi puhua uskon ja totuuden sanoja kuningas Hiskian kanssa, kaikki Israelin ruhtinaat olivat istumassa, ja eunukit ja kuninkaan neuvonantajat. Ja siellä oli 40 profeettaa ja profeettojen poikia, he olivat tulleet kylistä ja vuorilta ja tasangoilta, kun he olivat kuulleet, että Jesaja oli tulossa Galgalasta Hiskian luokse. Ja he olivat tulleet tervehtimään häntä ja kuuntelemaan hänen sanojaan, ja että hän asettaisi kätensä heidän ylleen, ja että he profetoisivat ja hän kuulisi heidän profetoivan, ja he olivat kaikki Jesajan edessä. Ja kun Jesaja oli puhumassa Hiskialle totuuden ja uskon sanoja, he kaikki kuulivat oven avautuvan ja Pyhän Hengen äänen. Ja kuningas kutsui kaikki profeetat ja kaikki ihmiset, jotka löydettiin sieltä, ja he tulivat, ja Miika ja iäkäs Ananias ja Joel ja Josab istuivat hänen vierellään.

Ja tapahtui, kun he kaikki olivat kuulleet Pyhän Hengen äänen, he kaikki palvoivat polvillaan ja ylistivät totuuden Jumalaa, Korkeinta, joka on ylemmässä maailmassa ja joka istuu korkeudessa ja Pyhää, joka lepää pyhiensä keskuudessa. Ja he antavat kunnian Hänelle, joka on näin valmistanut oven ihmiselle erilaiseen maailmaan. Ja kun hän puhui Pyhässä Hengessä kaikkien kuullen, hän hiljeni ja hänen mielensä otettiin ylös hänestä, eikä hän nähnyt miehiä, jotka seisoivat hänen edessään, vaikka hänen silmänsä olivat avoinna. Mutta hänen henkensä oli hänessä, sillä hän näki näkyä. Ja enkeli, joka oli lähetetty, että hän näkisi, ei ollut tästä perustuksesta, eikä hän ollut tämän maailman kunnian enkeleistä, vaan hän oli tullut seitsemännestä taivaasta. Ja ihmiset, jotka seisoivat lähellä, eivät ajatelleet, mutta profeettojen piiri ajatteli, että Jesaja oli otettu ylös. Ja näky, jonka Jesaja näki, ei ollut tästä maailmasta, vaan maailmasta, joka on salattu lihalta. Ja sen jälkeen, kun Jesaja oli nähnyt tämän näyn, hän puhui sen Hiskialle ja pojalleen Josabille ja muille profeetoille, jotka olivat tulleet. Mutta johtajat ja eunukit ja kansa ei kuullut, vaan ainoastaan kirjuri Samna ja Ijoaqem ja Aasaf, sillä myös nämä olivat vanhurskauden tekijöitä ja Hengen suloinen tuoksu oli heidän yllään. Mutta kansa ei kuullut, sillä Miika ja hänen poikansa Josab olivat laittaneet heidät lähtemään, kun tämän maailman viisaus otettiin pois hänestä ja hän tuli kuin kuolleeksi.

Luku 7.

Ja sen näyn, jonka Jesaja näki, hän kertoi Hiskialle ja pojalleen Josabille ja Miikalle ja lopuille profeetoille sanoen: 'Sillä hetkellä, kun profetoin niiden sanojen mukaan, jotka te kuulitte, minä näin loistavan enkelin, ei niin kuin niiden enkelien loisto, joita olin nähnyt, vaan sellainen loisto ja muoto, etten voi kuvailla tuon enkelin loistoa. Ja otettuaan minua kädestä hän nosti minut korkealle ja minä sanoin hänelle: "Kuka olet, ja mikä on nimesi, ja minne olet nostamassa minua korkeuksiin?", sillä minulle oli annettu voimaa puhua hänen kanssaan. Ja hän sanoi minulle: 'Kun olen nostanut sinut korkealle ja olen antanut sinun nähdä sen näyn, jonka tähden minut on lähetetty, silloin sinä ymmärrät, kuka minä olen, mutta nimeäni et tiedä. Sillä sinä tulet palaamaan tähän ruumiiseen; mutta minne vien sinua, sen tulet näkemään, sillä tämä on lähettämiseni tarkoitus.' Ja minä iloitsin, koska hän puhui ystävällisesti minulle. Ja hän sanoi minulle: 'Oletko iloinen, kun puhun ystävällisesti sinulle?' Ja hän sanoi: 'Ja sinä tulet näkemään, kuinka minua suurempi myös puhuu ystävällisesti ja rauhallisesti kanssasi. Ja myös hänen Isänsä, joka on suurempi, sinä tulet näkemään, sillä tätä varten minut on lähetetty seitsemännestä taivaasta, että selittäisin kaikki nämä sinulle.' Ja me laskeuduimme perustukseen, minä ja hän, ja siellä minä näin Sammaelin ja hänen sotajoukkonsa, ja siellä oli suuria taisteluja ja saatanan enkelit kadehtivat toisiaan. Ja niin kuin alla, niin on myös maan päällä, sillä perustuksessa olevan kaltaisuus on täällä maan päällä. Ja minä sanoin enkelille, joka oli kanssani: 'Mitä on tämä sota ja tämä kadehtiminen?' Ja hän sanoi minulle: 'Niin on ollut siitä lähtien, kun tämä maailma tehtiin, tähän saakka, ja tämä sota jatkuu kunnes hän, jonka tulet näkemään, tulee ja tuhoaa hänet.' Ja myöhemmin hän nosti minut perustuksen yläpuolelle, joka on ensimmäinen taivas. Ja siellä keskellä minä näin valtaistuimen, ja sen oikealla ja vasemmalla puolella oli enkeleitä. Ja vasemmalla olevat enkelit eivät olleet niin kuin ne enkelit, jotka seisoivat oikealla, vaan niillä, jotka seisoivat oikealla, oli suurempi kunnia ja he kaikki ylistivät yhdellä äänellä ja keskellä oli valtaistuin, ja vasemmalla olevat ylistivät mutta niiden ääni ei ollut niin kuin oikealla olevien ääni eikä heidän ylistyksensä niin kuin niiden ylistys. Ja minä kysyin enkeliltä, joka oli kanssani ja sanoin hänelle: 'Kenelle tämä ylistys lähetetään?' Ja hän sanoi minulle. 'Ylistykseksi seitsemänteen taivaaseen hänelle, joka lepää pyhässä maailmassa ja hänen valitulleen, jonka tähden minut on lähetetty luoksesi.'

Ja jälleen hän nosti minua, toiseen taivaaseen, tuon taivaan korkeus on sama kuin taivaasta maahan. Ja minä näin siellä, niin kuin ensimmäisessä taivaassa, enkeleitä oikealla ja vasemmalla ja valtaistuimen keskellä ja enkelien ylistystä toisessa taivaassa ja hän, joka istui valtaistuimella toisessa taivaassa, oli loistavampi kuin muut. Ja toisessa taivaassa oli suuri kunnia, eikä ylistys ollut niin kuin niiden ylistys, jotka olivat ensimmäisessä taivaassa. Ja minä kaaduin kasvoilleni palvomaan häntä, mutta enkeli, joka oli kanssani, ei antanut minun tehdä niin vaan sanoi minulle: 'Älä palvo valtaistuinta äläkä enkeliä, joka kuuluu kuuteen taivaaseen, sillä tästä syystä minut on lähetetty opastamaan sinua, ennen kuin kerron sinulle seitsemännessä taivaassa. Sillä yli kaikkien taivaiden ja niiden enkelien on sinun valtaistuimesi asetettu, ja sinun vaatteesi ja sinun kruunusi, jotka tulet näkemään.' Ja minä iloitsin suurella ilolla, että nuo, jotka rakastavat Korkeinta ja Hänen Valittuaan, myöhemmin laskeutuvat tänne Pyhän Hengen enkelin kautta.

Ja hän nosti minut kolmanteen taivaaseen, ja samalla tavalla näin niitä oikealla ja vasemmalla ja niiden keskellä oli valtaistuin, mutta tästä maailmasta täällä ei ole kuultu. Ja minä sanoin enkelille, joka oli kanssani, sillä ulkomuotoni kunnia muuttui, kun nousin jokaiseen taivaaseen: 'Mitään tuon maailman turhuudesta ei ole nimetty täällä'. Ja hän vastasi minulle ja sanoi minulle: 'Mitään ei ole nimetty sen heikkouden tähden, ja mitään ei ole salattu, mitä on tehty.' Ja minä toivoin oppivani kuinka se tiedetään ja hän vastasi minulle sanoen: 'Kun olen nostanut sinut seitsemänteen taivaaseen, josta minut lähetettiin, siihen mikä on näiden yläpuolella, silloin sinä tiedät, ettei ole mitään salattua valtaistuimilta ja niiltä, jotka ovat taivaissa ja enkeleiltä.' Ja ylistys, jolla he ylistivät ja hänen kunniansa, joka istui valtaistuimella, oli suuri, ja enkeleitä oli oikealla ja vasemmalla, yli tuon taivaan, mikä oli niiden alla.

Ja jälleen hän nosti minua, neljänteen taivaaseen, ja korkeus kolmannesta neljänteen oli suurempi kuin maasta perustukseen. Ja siellä minä taas näin niitä, jotka olivat oikealla puolella ja niitä, jotka olivat vasemmalla, ja hänet, joka istui valtaistuimella – joka oli keskellä – ja myös siellä ylistettiin. Ja oikealla olevien enkelten ylistys ja kirkkaus oli suurempi kuin vasemmalla olevien. Ja taas, valtaistuimella istuvan kirkkaus oli suurempi kuin niiden enkelten, jotka olivat oikealla puolella, ja heidän kirkkautensa oli yli niiden, jotka olivat alempana.

Ja hän nosti minut viidenteen taivaaseen. Ja taas, minä näin niitä oikealla puolella ja vasemmalla, ja hänet, joka istui valtaistuimella – joiden kirkkaus oli suurempi kuin niiden, jotka olivat neljännessä taivaassa. Ja oikealla olevien kirkkaus oli suurempi kuin vasemmalla olevien. Ja valtaistuimella istuvan kirkkaus oli suurempi kuin oikealla puolella olevien enkelten kirkkaus. Ja heidän ylistyksensä oli loisteliaampaa kuin niiden, jotka olivat neljännessä taivaassa. Ja minä ylistin Häntä, jolla ei ole nimeä, ja joka on ainoa, joka on taivaissa, jonka nimi ei ole minkään lihan tiedossa, joka on suonut sellaisen kirkkauden useisiin taivaisiin, ja joka tekee enkelten kirkkauden suureksi, ja vielä loisteliaammaksi valtaistuimella istuvan kirkkauden.

Luku 8.

Ja taas, hän nosti minut ilmaan, kuudenteen taivaaseen, ja minä näin sellaisen kirkkauden, jollaista en ollut nähnyt niissä viidessä taivaassa. Sillä minä näin enkeleitä, joiden kirkkaus oli suuri, ja ylistys oli siellä pyhää ja ihmeellistä. Ja minä sanoin sille enkelille, joka opasti minua: "Mitä tämä on, mitä minä näen, herrani?" Ja hän sanoi minulle: "Minä en ole sinun herrasi, vaan sinun kanssapalvelijasi." Ja taas minä kysyin häneltä, ja sanoin hänelle: "Miksi vasemmalla ei ole enkeleitä?" Ja hän sanoi: "Kuudennesta taivaasta alkaen vasemmalla ei ole enää enkeleitä, eikä valtaistuinta keskelle asetettuna, vaan niitä ohjataan voimalla seitsemännestä taivaasta, jossa on Hän, jolla ei ole nimeä, ja Valittu, jonka nimeä ei ole tehty tiettäväksi, eikä kukaan taivaissa tiedä Hänen nimeään. Sillä ainoastaan Hänen ääneensä kaikki taivaat ja valtaistuimet vastaavat. Sen tähden minut on varustettu tarvittavalla voimalla, ja lähetetty nostamaan sinut tänne, että voisit nähdä tämän kirkkauden. Ja siksi, että sinä voisit nähdä kaikkien näiden taivaiden ja valtaistuinten Herran. Hän käy läpi jatkuvaa muodonmuutosta, kunnes Hän muistuttaa sinun ulkomuotoasi ja kaltaisuuttasi. Totisesti minä sanon sinulle, Jesaja: Ei yksikään ruumiiseensa palaava ihminen ole tuosta maailmasta noussut tai nähnyt, mitä sinä näet, tai havainnut, mitä sinä havaitset, ja mitä tulet näkemään. Sillä Herran luona on sinulle sallittu tulla tänne. Ja sieltä tulee kuudennen taivaan ja ilman voima." Ja minä ylistin suuresti Herraani, että Hän oli sallinut osakseni tulla tänne.

Ja hän sanoi: "Kuule vielä sen tähden myös tämä kanssapalvelijaltasi: kun – Jumalan tahdosta – olet noussut ruumiista tänne, silloin saat tuon vaatetuksen, jonka näet, ja tulet näkemään muitakin siellä olevia vaatteita. Ja sinusta tulee yhtäläinen seitsemännen taivaan enkelten kanssa." Ja hän nosti minut kuudenteen taivaaseen, ja siellä ei ollut enkeleitä vasemmalla eikä valtaistuinta keskellä, vaan kaikilla oli yksi ulkomuoto ja heidän voimallinen ylistyksensä oli yhtäläinen. Ja myös minulle annettiin voima, ja myös minä ylistin heidän kanssaan, ja myös tuo enkeli, ja meidän ylistyksemme oli niin kuin heidän. Ja siellä he kaikki nimesivät Isän ja Hänen Rakkaansa, Kristuksen ja Pyhän Hengen, kaikki yhdellä äänellä. Ja heidän äänensä oli erilainen kuin niiden enkelten äänet, jotka olivat niissä viidessä taivaassa. Ääni oli siellä erilainen, ja siellä oli paljon valoa. Ja sitten, kun minä olin kuudennessa taivaassa, minä ajattelin, että se valo, jonka olin nähnyt niissä viidessä taivaassa, oli vain pimeyttä. Ja minä riemuitsin ja ylistin Häntä, joka oli suonut sellaiset valot niille, jotka odottivat Hänen lupaustaan. Ja minä pyysin sitä enkeliä, joka opasti minua, että minun ei tarvitsisi palata lihalliseen maailmaan.

Totisesti minä sanon teille, Hiskia ja poikani Josab ja Miika, että täällä on paljon pimeyttä. Ja se enkeli, joka opasti minua, havaitsi, mitä minä ajattelin, ja sanoi: "Jos riemuitset tästä valosta, kuinka paljon enemmän tuletkaan riemuitsemaan, kun näet seitsemännessä taivaassa sen valkeuden, jossa on Herra ja Hänen rakkaansa – joiden luota minut on lähetetty – jota tullaan kutsumaan "Pojaksi" tässä maailmassa. Vielä ei ole selkeästi julistettu, että Hän tulee olemaan turmeltuvassa maailmassa, eikä ole paljastettu niitä vaatteita ja valtaistuimia ja niitä kruunuja, jotka on varattu vanhurskaille – niille, jotka luottavat tuohon Herraan, joka on laskeutuva sinun muodossasi. Se valo, mikä on siellä, on suuri ja ihmeellinen. Ja mitä tulee siihen, että et palaisi ruumiiseesi: päiväsi eivät ole vielä täyttyneet, että tänne tulisit." Ja kun minä tuon kuulin, olin murheellinen, ja hän sanoi: "Älä ole murheellinen."

Luku 9.

Ja hän vei minut seitsemännen taivaan ilmaan, ja kuulin vielä äänen sanovan: "Kuinka kauas nouseekaan hän, joka lihassa vaeltaa?" Ja minä pelkäsin ja vapisin. Ja kun minä vapisin, katso, kuulin toisen äänen lähetettävän täältä, ja sanovan: "Pyhälle Jesajalle on annettu lupa nousta tänne, sillä täällä on hänen vaatteensa." Ja minä kysyin enkeliltä, joka oli kanssani, ja sanoin: "Kuka on hän, joka kielsi minua, ja kuka on hän, joka antoi minulle luvan nousta?" Ja hän sanoi minulle: "Hän, joka kielsi sinua, on hän, joka johtaa ylistystä kuudennessa taivaassa. Ja Hän, joka antoi sinulle luvan, tämä on sinun Herrasi, Jumalasi, Herra Kristus, jota tullaan kutsumaan maailmassa Jeesukseksi, mutta Hänen nimeään et saa kuulla, ennen kuin olet noussut ruumiistasi."

Ja hän kohotti minut sinne seitsemänteen taivaaseen, ja minä näin siellä ihmeellisen valon ja lukemattomat enkelit. Ja siellä minä näin pyhän Abelin ja kaikki vanhurskaat. Ja siellä minä näin Eenokin ja kaikki, jotka olivat hänen kanssaan, riisuttuina lihan vaatteista, ja minä näin heidät ylemmän maailman vaatteissa, ja he olivat kuin enkelit, seisoen siellä suuressa kirkkaudessa. Mutta he eivät istuneet valtaistuimillaan, eikä heillä ollut kirkkauden kruunuja. Ja minä kysyin siltä enkeliltä, joka oli kanssani: "Kuinka he ovat saaneet vaatteet, mutta heillä ei ole valtaistuimia tai kruunuja?" Ja hän sanoi minulle: "Kruunuja ja kirkkauden valtaistuimia he eivät saa, ennen kuin Valittu laskeutuu siinä muodossa, jossa sinä tulet näkemään Hänet – Hän tulee laskeutumaan maailmaan viimeisinä Herran päivinä, ja Häntä kutsutaan Kristukseksi. Kuitenkin he näkevät ja tietävät, kenelle nuo valtaistuimet ovat, ja kenen ovat kruunut, kun Hän on laskeutunut ja tehty sinun muotoiseksesi, ja Hänestä luullaan, että Hän on lihaa ja on ihminen. Ja tuon maailman jumala ojentaa kätensä Poikaa vastaan, ja Hänet ristiinnaulitaan puuhun, ja Hänet tapetaan, tietämättä, kuka Hän on. Ja näin Hänen laskeutumisensa – kuten tulet näkemään – salataan jopa taivailta, niin että ei tiedetä, kuka Hän on. Ja kun Hän on voittanut kuoleman enkelin, Hän nousee, kolmantena päivänä [ja Hän jää tuohon maailmaan 545 päiväksi]. Ja monet vanhurskaista nousevat Hänen kanssaan; joiden henget eivät saa vaatteitaan, ennen kuin Herra – Kristus – nousee, ja he nousevat Hänen kanssaan. Sitten he totisesti saavat vaatteensa ja valtaistuimensa ja kruununsa, kun Hän on noussut seitsemänteen taivaaseen."

Ja minä sanoin hänelle sen, mitä minä olin kysynyt häneltä kolmannessa taivaassa: "Näytä minulle, kuinka kaikki se, mitä tehdään tuossa maailmassa, tiedetään täällä." Ja kun minä vielä puhuin hänen kanssaan, katso, yksi lähellä seisovista enkeleistä – loisteliaampi kuin tuon enkelin kirkkaus, joka oli nostanut minut maailmasta – näytti minulle erästä kirjaa, mutta ei sellaista kirjaa, niin kuin tämän maailman kirjat, ja hän avasi sen, ja se kirja oli kirjoitettu, mutta se ei ollut niin kuin tämän maailman kirja. Ja hän antoi sen minulle ja minä luin sen, ja katso, Israelin lasten teot olivat kirjoitetut siihen, ja niiden teot, joita en tuntenut, ja poikani Josabin. Ja minä sanoin: "Totisesti, mikään, mitä maailmassa on tehty, ei ole salassa seitsemännessä taivaassa."

Ja minä näin siellä monia vaatteita laskostettuina, ja monia valtaistuimia ja monia kruunuja. Ja minä sanoin enkelille: "Kenen nämä vaatteet ja valtaistuimet ja kruunut ovat?" Ja hän sanoi minulle: "Monet tuosta maailmasta tulevat saamaan nämä vaatteet, jotka uskovat tuon yhden sanoihin, jotka nimetään niin kuin kerroin sinulle, ja he pitävät huolta noista asioista ja uskovat niihin, ja uskovat Hänen ristiinsä; heitä varten nämä ovat."

Ja minä näin seisomassa Hänet, jonka kirkkaus ylitti kaikkien muiden kirkkauden, ja Hänen kirkkautensa oli suuri ja ihmeellinen. Ja sen jälkeen, kun minä olin nähnyt Hänet, ne kaikki vanhurskaat, jotka olin nähnyt, ja myös ne enkelit, jotka olin nähnyt, tulivat Hänen luokseen. Ja Adam ja Abel ja Seet ja kaikki vanhurskaat tulivat ensin lähelle, ja palvoivat Häntä, ja he kaikki ylistivät Häntä yhdellä äänellä, ja minä itse myös ylistin heidän kanssaan, ja minun ylistykseni oli niin kuin heidän. Ja sitten kaikki enkelitkin lähestyivät ja palvoivat ja ylistivät.

Ja minun muotoni muuttui, ja minusta tuli enkelin kaltainen. Ja se enkeli, joka opasti minua, sanoi minulle: "Palvo Häntä," ja minä palvoin ja ylistin. Ja enkeli sanoi minulle: "Tämä, jonka olet nähnyt, on kaiken ylistyksen Herra." Ja kun hän vielä puhui, minä näin toisen, sellaisen loisteliaan, joka oli niin kuin Hän, ja ne vanhurskaat lähestyivät ja palvoivat ja ylistivät, ja minä ylistin yhdessä heidän kanssaan. Mutta minun kirkkauteni ei muuttunut heidän muotonsa mukaiseksi. Ja sitten enkelit lähestyivät ja palvoivat Häntä. Ja minä näin Herran ja sen toisen enkelin, ja he seisoivat. Ja se toinen, jonka minä näin, oli minun Herrani vasemmalla puolella. Ja minä kysyin: "Kuka tämä on?" ja hän sanoi minulle: "Palvo Häntä, sillä Hän se on Pyhän Hengen enkeli, joka puhuu sinussa ja muissa vanhurskaissa."

Ja minä näin sen suuren kirkkauden, henkeni silmät avoinna, enkä voinut nähdä, eikä voinut sekään enkeli, joka oli kanssani, eivätkä kaikki ne enkelit, joiden olin nähnyt palvovan minun Herraani. Mutta minä näin vanhurskaiden katselevan suurella voimalla Hänen kirkkauttaan. Ja minun Herrani tuli lähelle minua ja sitä Hengen enkeliä, ja Hän sanoi: "Katso, kuinka sinun on annettu nähdä Jumala, ja sinun tähtesi on voima annettu sille enkelille, joka on kanssasi." Ja minä näin, kuinka minun Herrani ja se Hengen enkeli palvoivat, ja he molemmat yhdessä ylistivät Jumalaa. Ja sitten kaikki vanhurskaat lähestyivät ja palvoivat. Ja enkelit tulivat lähelle ja palvoivat ja kaikki enkelit ylistivät.

Luku 10.

Ja sitten minä kuulin ääniä ja sitä ylistystä, jota olin kuullut jokaisessa niistä kuudesta taivaasta; ääntä, joka nousi ja kuului siellä, ja kaikki lähetettiin Hänen luokseen; sen kirkkaan, jonka kirkkautta minä en voinut katsella. Ja minä itse kuuntelin ja katselin tuota ylistystä, jota Hänelle annettiin. Ja ne kaikki ylistykset, joita lähetetään niistä kuudesta taivaasta, eivät ainoastaan kuulu, vaan myös näkyvät.

Ja minä kuulin sitä enkeliä, joka opasti minua, ja hän sanoi: "Tämä on korkeista Korkein, joka on pyhässä maailmassa, ja joka luottaa pyhiinsä, joita Pyhä Henki kutsuu, vanhurskaiden huulien kautta, Herran Isän luokse." Ja minä kuulin Korkeimman – minun Herrani Isän – äänen, sanovan minun Herralleni Kristukselle, jota tullaan kutsumaan Jeesukseksi: "Mene, ja laskeudu läpi kaikkien taivaiden, ja laskeudu perustukseen ja tuohon maailmaan: tuonelassa olevan enkelin luokse laskeudu, mutta hagueliin älä mene. Ja sinusta tulee kaikkien niiden kaltainen, jotka ovat niissä viidessä taivaassa. Ja sinun muodostasi tulee perustuksen enkelien kaltainen [, ja myös niiden enkelten, jotka ovat tuonelassa]. Ja yksikään tuon maailman enkeleistä ei tule tietämään, eikä seitsemästä taivaasta ja niiden enkeleistä. Eivätkä he tule tietämään, että Sinä olet minun kanssani, ennen kuin minä olen kovalla äänellä kutsunut taivaita ja niiden enkeleitä ja niiden valoja, kuudenteen taivaaseen saakka, tarkoituksena, että tuomitsisit ja hävittäisit tuon maailman ruhtinaat ja enkelit ja jumalat, ja sen maailman, jota ne hallitsevat, sillä he ovat kieltäneet minut ja sanoneet 'Ainoastaan me olemme, eikä ole ketään meidän lisäksemme'. Ja myöhemmin nouset kuoleman enkelien luota paikallesi. Eikä muotosi muutu jokaisessa taivaassa, vaan kirkkaudessa Sinä nouset ja istut minun oikealla puolellani. Ja sitten tuon maailman ruhtinaat ja voimat palvovat Sinua." Minä kuulin sen suuren kirkkauden antavan nämä käskyt minun Herralleni.

Ja niin minä näin minun Herrani lähtevän seitsemännestä taivaasta kuudenteen taivaaseen. Ja se enkeli, joka opasti minua, sanoi minulle: "Ymmärrä, Jesaja, ja näe, kuinka Herran muodonmuutos ja laskeutuminen tulee tapahtumaan." Ja minä näin; ja kun enkelit näkivät Hänet, sen tähden ne, jotka olivat kuudennessa taivaassa, ylistivät Häntä; sillä Hän ei ollut muuttunut siellä olevien enkelien muodon mukaan, ja he ylistivät Häntä, ja minä myös ylistin heidän kanssaan. Ja minä näin; kun hän laskeutui viidenteen taivaaseen, että siinä viidennessä taivaassa Hän teki itsensä siellä olevien enkelien muodon kaltaiseksi, eivätkä he ylistäneet Häntä, tai palvoneet Häntä; sillä Hänen muotonsa oli niin kuin heidän. Ja hän laskeutui neljänteen taivaaseen, ja teki itsestään siellä olevien enkelien muodon kaltaisen. Ja kun he näkivät Hänet, he eivät ylistäneet Häntä; sillä Hänen muotonsa oli heidän muotonsa kaltainen. Ja jälleen minä näin; kun Hän laskeutui kolmanteen taivaaseen, ja Hän teki itsensä kolmannen taivaan enkelien muodon kaltaiseksi. Ja ne, jotka vartioivat kolmannen taivaan porttia, vaativat tunnussanaa, ja Herra antoi sen heille, tarkoituksena, ettei Häntä tunnistettaisi. Ja kun he näkivät Hänet, he eivät ylistäneet Häntä; sillä Hänen muotonsa oli heidän muotonsa kaltainen. Ja taas minä näin, kun Hän laskeutui toiseen taivaaseen, ja taas Hän antoi siellä tunnussanan; ne, jotka vartioivat porttia, vaativat, ja Herra antoi. Ja minä näin, kun Hän teki itsensä toisen taivaan enkelien muodon kaltaiseksi, ja he näkivät Hänet, eivätkä ylistäneet Häntä; sillä Hänen muotonsa oli niin kuin heidän muotonsa. Ja taas minä näin, kun Hän laskeutui ensimmäiseen taivaaseen, ja myös siellä Hän antoi tunnussanan niille, jotka vartioivat porttia, ja Hän teki itsensä niiden enkelien muodon kaltaiseksi, jotka olivat tuon valtaistuimen vasemmalla puolella, eivätkä he ylistäneet Häntä; sillä Hänen muotonsa oli heidän muotonsa kaltainen.

Mutta mitä minuun tulee, kukaan ei kysellyt minulta sen enkelin tähden, joka opasti minua. Ja jälleen, Hän laskeutui siihen perustukseen, jossa on tämän maailman hallitsija, ja Hän antoi tunnussanan vasemmalla puolella oleville, ja Hänen muotonsa oli heidän muotonsa kaltainen, eivätkä he ylistäneet Häntä siellä; vaan he kadehtivat toisiaan ja tappelivat; sillä täällä hallitsee paha, ja kateus mitättömistä asioista. Ja minä näin, kun Hän laskeutui ja teki itsensä ilman enkelien kaltaiseksi, ja Hän oli niin kuin yksi heistä. Eikä Hän antanut tunnussanaa, sillä siellä ryöstettiin ja tehtiin väkivaltaa toisille.

Luku 11.

Tämän jälkeen minä näin; ja se enkeli, joka opasti minua, sanoi minulle: "Ymmärrä, Jesaja, Aamoksen poika, sillä tätä tarkoitusta varten minut on lähetetty Jumalan luota." Ja totisesti, minä näin erään naisen profeetta Daavidin suvusta, nimeltään Maria – neitsyt – ja hänet oli kihlattu miehelle, nimeltä Joosef, rakennusmiehelle, ja myös hän oli vanhurskaan Juudean Beetlehemin Daavidin siementä ja sukua. Ja hän tuli osaansa. Ja kun hänet oli kihlattu, havaittiin hänen olevan raskaana, ja tuo rakennusmies, Joosef, tahtoi hylätä hänet. Mutta Hengen enkeli ilmestyi tähän maailmaan, ja sen jälkeen Joosef ei hylännyt häntä, vaan piti Marian, eikä paljastanut tätä asiaa kenellekään. Eikä hän lähestynyt Mariaa, vaan piti häntä kuin pyhänä, neitsyenä, vaikka hän oli raskaana. Eikä hän elänyt hänen kanssaan kahteen kuukauteen.

Ja kahden kuukauden kuluttua, kun Joosef oli talossaan, ja Maria, hänen vaimonsa, molemmat kuitenkin yksin, tapahtui heidän siellä ollessaan, että Maria katsahti silmillään ja näki vauvan ja hän hämmästyi. Ja sen jälkeen, kun hän oli hämmästynyt, hänen kohtunsa havaittiin olevan niin kuin aikaisemmin – ennen kuin hän oli hedelmöittynyt. Ja kun hänen aviomiehensä Joosef sanoi hänelle: "Mikä on sinut hämmästyttänyt?", hänen silmänsä aukesivat, ja hän näki sen lapsen, ja ylisti Jumalaa, sillä Jumala oli tullut hänen osaansa. Ja heidän luokseen tuli ääni: "Älkää kertoko tätä näkyä kenellekään." Ja sitä kertomusta liittyen siihen lapseen, kuulutettiin ympäri Beetlehemiä. Jotkut sanoivat: "Neitsyt Maria on kantanut lapsen, kaksi kuukautta ennen naimisiin menoaan." Ja monet sanoivat: "Ei hän ole synnyttänyt, eikä ole kätilö mennyt hänen luokseen, eikä ole synnytystuskien huutoja kuulunut." Ja kaikki heidät sokaistiin Hänen kunnioittamisestaan, ja he kaikki tiesivät Hänet, mutta eivät tienneet, mistä Hän oli. Ja he veivät Hänet ja menivät Galilean Nasaretiin.

Ja minä näin, oi Hiskia ja poikani Josab, ja minä julistan niille muillekin vieressä seisoville profeetoille, että tämä on jäänyt huomaamatta kaikilta taivailta ja kaikilta ruhtinailta ja kaikilta tämän maailman jumalilta. Ja minä näin: Nasaretissa Hän imi rintaa kuin vauva, ja niin kuin on tapana, tarkoituksena, ettei Häntä tunnistettaisi.

Ja kun Hän oli kasvanut, Hän teki suuria merkkejä ja ihmeitä Israelin maassa ja Jerusalemissa. Ja tämän jälkeen vihamies kadehti Häntä ja nostatti Israelin lapset Häntä vastaan, tietämättä, kuka Hän oli, ja Hänet johdatettiin kuninkaalle ja ristiinnaulittiin, ja Hän laskeutui sinne tuonelan enkelin luokse; totisesti, Jerusalemissa Hänet naulattiin ristin puuhun. Ja samoin kolmen päivän kuluttua hän nousi jälleen. Ja se enkeli, joka opasti minua, sanoi: "Ymmärrä, Jesaja": ja minä näin, kun Hän lähetti kaksitoista apostolia, ja nousi taivaaseen. Ja minä näin Hänet, ja Hän oli perustuksessa, mutta Hän ei ollut muuttanut itseään heidän muotoonsa, ja kaikki perustuksen enkelit ja syyttäjät näkivät Hänet ja ne palvoivat. Ja siellä oli paljon surua, kun he sanoivat: "Kuinka meidän Herramme laskeutui meidän keskellemme, emmekä me havainneet sitä kirkkautta, joka on Hänen yllään ollut, jonka me näemme olleen Hänen yllään kuudennesta taivaasta saakka?" Ja Hän nousi toiseen taivaaseen, eikä Hän muuttanut itseään, mutta kaikki ne enkelit, jotka olivat oikealla ja vasemmalla ja valtaistuimella keskellä, he palvoivat Häntä ja ylistivät Häntä ja sanoivat: "Kuinka meidän Herramme jäi meiltä huomaamatta laskeutuessaan; kuinka me emme sitä havainneet?" Ja samalla tavalla Hän nousi kolmanteen taivaaseen ja he ylistivät ja sanoivat samalla tavalla. Ja neljännessä taivaassa ja myös viidennessä sanottiin tarkalleen samalla tavalla. Mutta oli yksi kirkkaus, ja siitä Hän ei muuttanut itseään. Ja minä näin, kun Hän nousi kuudenteen taivaaseen ja Häntä palvottiin ja ylistettiin.

Kaikissa taivaissa ylistyksen äänen voimakkuus lisääntyi. Ja minä näin, kuinka Hän nousi seitsemänteen taivaaseen, ja kaikki vanhurskaat ja kaikki enkelit ylistivät Häntä. Ja sitten minä näin Hänen istuvan alas sen suuren kirkkauden oikealle puolelle; kirkkauden, josta kerroin teille, etten voinut sitä katsella. Ja myös sen Pyhän Hengen enkelin minä näin istuvan vasemmalla puolella. Ja tämä enkeli sanoi minulle: "Jesaja, Aamoksen poika, tässä on tarpeeksi; sillä sinä olet nähnyt, mitä ei yksikään lihan lapsi ole nähnyt. Ja sinä palaat lihan vaatteisiisi, kunnes päiväsi ovat täyttyneet. Sitten tulet tänne."

Nämä asiat Jesaja näki ja kertoi kaikille, jotka seisoivat hänen edessään, ja he ylistivät. Ja hän puhui kuningas Hiskialle ja sanoi: "Nämä minä olen puhunut; sekä tämän maailman lopusta; kaikki tämä näky tulee täytetyksi viimeisissä sukupolvissa." Ja Jesaja laittoi hänet vannomaan, ettei kertoisi sitä Israelin kansalle, eikä antaisi näitä sanoja yhdenkään miehen kirjoitettavaksi.

[...] sellaisia asioita te luette. Ja valvokaa Pyhässä Hengessä, että saisitte vaatteenne ja valtaistuimenne ja kirkkauden kruununne, jotka ovat valmiina seitsemännessä taivaassa." Näiden näkyjen ja profetioiden tähden Sammael, saatana, sahautti Jesajan, Aamoksen pojan, kappaleiksi – profeetan Manassen käden kautta. Kaikki nämä asiat Hiskia kertoi Manasselle kahdentenakymmenentenä kuudentena vuotena. Mutta Manasse ei muistanut niitä, eikä sijoittanut näitä asioita sydämeensä, vaan tulemalla saatanan palvelijaksi, hän tuhosi itsensä. Tähän päättyy profeetta Jesajan näky, jossa hän nousi taivaaseen.